U0666222

最美精品课

思政教育进课堂

杨懿　主编

人民日报出版社

· 北京 ·

图书在版编目（CIP）数据

最美精品课：思政教育进课堂 / 杨懿主编. —北京：人民日报出版社，2023.3
ISBN 978-7-5115-7622-4

Ⅰ.①最… Ⅱ.①杨… Ⅲ.①高等学校—思想政治教育—研究—中国 Ⅳ.①G641

中国版本图书馆CIP数据核字（2022）第238962号

书　　名：最美精品课：思政教育进课堂
　　　　　ZUIMEI JINGPINKE: SIZHENG JIAOYU JINKETANG
作　　者：杨　懿　主编
出 版 人：刘华新
责任编辑：刘　悦
封面设计：中尚图
出版发行：人民日报出版社
社　　址：北京金台西路2号
邮政编码：100733
发行热线：（010）65369527　65369846　65369509　65369512
邮购热线：（010）65369530
编辑热线：（010）65369844
网　　址：www.peopledailypress.com
经　　销：新华书店
印　　刷：天津中印联印务有限公司
法律顾问：北京科宇律师事务所010-83632312
开　　本：787mm×1092mm　1/16
字　　数：186千字
印　　张：13.5
版次印次：2023年10月第1版　2023年10月第1次印刷
书　　号：ISBN 978-7-5115-7622-4
定　　价：58.00元

编　委　会

主　　编：杨懿

执行主编：袁冶　李昉

副　主　编：刘日亮　郭妍

主讲人：张海　沈庶英　常昕　马若宁　崔蕴鹏　周延东
　　　　霍政欣　武冬　谷晓红　钱坤　王炳武　董玉兰
　　　　王文文　王彬　刘凯　卞立波　周宏伟　薛庆
　　　　何召鹏　王芳　陈全润　张璐　王茂林　李娜
　　　　张晶　郭颖　姜喜龙　郑晓笛

编　　辑：卜欣荣　黄欣桐　阮思羽　赵茏葳　杨宁　刘雪茹
　　　　杨子轶　周悦　谢尚洵　齐霏　牛世禧　郑琳桐
　　　　郎朗　施齐　郭金麒　李若涵　来晨曦　刘云瑞
　　　　王艺潼　吴雨纯　苏明祥

目 录
CONTENTS

第一章　感受文法教育课堂中的思政之美

第二章　探寻理工医课堂里的思政之钥

第三章　发现经管艺术课堂上的思政之窗

第一章

感受文法教育课堂中的思政之美

古、田野考古、景观考古。主讲课程为本科生考古学主干基础课田野考古学概论、田野考古技术专题和田野考古实习，课程讲授内容涉及田野考古学的基础理论、基本方法和操作实践。编写《田野考古学》《GIS与考古学空间分析》等教材，参与制订行业基础标准《田野考古工作规程》，多次参与全国考古行业从业人员的田野培训授课。

考古学是一门通过实物资料研究人类历史、探究文明起源的学科。2020年9月，习近平总书记在十九届中央政治局第二十三次集体学习时强调，要高度重视考古工作，努力建设中国特色、中国风格、中国气派的考古学，更好认识源远流长、博大精深的中华文明，为弘扬中华优秀传统文化、增强文化自信提供坚强支撑。这既是对考古工作的高度肯定，也是对如何建设新时代中国考古学的殷切期望。致力于成为考古学家的年轻人，应该如何掌握基本的考古技能，服务国家的考古事业呢？这是考古学子应时刻思考的问题。

今天的课程是一场导言课，我将给大家介绍田野考古的基础知识：首先介绍什么是田野考古，然后分别从科学研究、遗产保护和服务社会三个方面介绍为什么要开展田野考古，最后谈一谈田野中考古学家的责任。

一、田野考古："科学求真"和"文化寻根"

说起考古学家，人们首先会想到那些头戴遮阳草帽、身披马甲、手持发掘工具，风尘仆仆地忙碌在考古发掘现场的考古队员。这已经成为考古学家在各类影视和新闻媒体中的标准形象。事实也的确如此，考古学家们通常会花大量时间和精力在田野考古工作上。

田野考古工作是整体考古工作的起点，田野考古发掘现场也是考古学研究和文化遗产保护的第一现场。

　　说起考古发掘，人们往往会联想到"挖宝"。从事田野考古的考古学家也的确是在"挖宝"，但是挖的究竟是什么"宝"呢？考古学家挖的宝，不只有三星堆祭祀坑出土的黄金面具和江口沉银的金银宝藏，"宝"的价值不能简单地用市场价值来衡量。考古学家更关心如何全面复原古代社会，因此，过去人类日常活动遗留的陶陶罐罐、骨木器物、动植物遗存等也是研究的重点。它们蕴含了丰富的古代人类活动信息，对它们进行系统化的科学研究是探究历史、通往过去的一把钥匙。

　　古代人类活动的各类物质遗存集中埋藏在野外的各种遗址中，田野考古工作也就集中在这些遗址上。

　　一项田野考古首先要从考古调查开始，寻找和发现遗址并通过技术手段勘察、勘探并确认遗址。其次是选择合适地点进行考古发掘，了解遗址的文化堆积和遗迹状况，采集各类实物和信息资料。再次是整理、修复出土文物，拍照、绘图制作文物档案资料。最后是撰写考古报告，将发掘信息公布给研究者和公众。这就是一项田野考古工作的完整流程。因此，田野考古工作为历史研究提供基础的实物资料，也为文化遗产保护提供基本的依据。

　　从技术方法来看，田野考古工作包括发掘、采样、记录三大科学子系统。发掘是挖掘作业技术体系，采样是实物资料和信息采集技术体系，记录是发掘记录和信息化管理技术体系，三者有机结合共同构成田野考古的技术系统。因此，田野考古是一项系统性的科学工作，开展田野考古需要精益求精、一丝不苟的科学精神。

　　从工作方式来看，田野考古工作是一个集体项目。完成一项田野考古工作，需要考古领队协调指挥，组织考古队员、技术人员、专家、村民、志愿者等共同完成。因此，开展田野考古工作还需要集体主义精神。作为一名未来的考古学家，考古学子需要牢记在田野中培养自己的高水平学术研究能力、集体意识和出色的领导能力，以及良好的协调关系和公共交往能力。

我国历史悠久，但有明确文字记载的历史却是有限的。深入挖掘历史、探究文明本源也是田野考古工作的重要内容之一。从1921年安特生发掘河南渑池仰韶村算起，中国考古学已有100多年的历史。100多年来，几代考古学家辛勤耕耘，我们的考古工作取得丰硕的成果。在位于浙江杭州湾的良渚遗址群，考古学家发现规模宏大的城市、世界上最早的大型水利系统、贵族墓葬和制作精美的玉器。

良渚文化玉器上的神徽符号是用鲨鱼牙齿刻在玉器上的，并在各地良渚贵族墓葬中流行。因此，考古学家认为当时已经出现统一的宗教信仰和意识形态，良渚已经发展到早期的国家文明。2019年，良渚古城遗址成功列入《世界遗产名录》，从而向世界实证了中华文明五千年的悠久历史。近年来，新发现的浙江余姚上山文化的早期驯化水稻、环壕聚落和高超的制陶技术更是将以稻作为农业基础的中华文明的起源上溯到万年以前。这些工作都是通过田野考古，在考古学家的手铲下一铲一铲挖出来的。

概括来说，田野考古就是科学求真和文化寻根的工作，所谓真是历史文明的真，所谓根是民族文化的根。求真和寻根是田野考古的基本任务。

二、为什么要开展田野考古

如果在博物馆或者文物市场上见到单件玉器，你只能知道它的有限信息，比如一件玉钺是作为礼器使用的。但这件器物的其他功能并不容易理解。通过考古发掘，考古学家在一座良渚文化的墓葬中见到几件玉器的空间位置关系。例如，红色为钺，蓝色为特殊玉器，它们之间由腐烂的木柄相连，上部还有另一件玉器。因此，从这些信息来看，这三件玉器共同组成一套完整的玉钺，包括钺身、钺瑁、钺镦。这种原生性的信息，只能在田野考古发掘的现场获取，考古学家把它叫作出土背景信息。

同样，一件大汶口文化的精致陶杯，考古学家知道它是酒器，并通过科技分析了解它的制作工艺、烧成火候等信息，甚至可以通过残留物分析它用来盛装何种饮料。但是，田野发掘现场，一座墓葬中出土的完整的陶器组合呈现几件陶杯与几件陶壶、陶鬶的组配关系，反映当时的人们从事一项饮酒宴饮活动、招待宾客所使用的器物组合，甚至宴饮流程。这就体现了中国礼制的起源："有朋自远方来，不亦乐乎？"可见，考古发掘现场所提供的组合信息价值远远超过单件文物。

田野考古发掘的资料和信息又是如何被系统化的呢？首先，古代人类活动的各种遗存被封存在考古遗址中，形成不同时代的堆积和地层。只有通过细致的考古发掘才能厘清这个被封存在考古遗址上的时间过程和空间结构，即时空框架。其次，考古发掘的大量的遗迹、遗物本身是镶嵌在时空结构中的，找到它们在时空结构中的坐标，它们的价值才能被系统化，而不是静态的和碎片化的。因此，可以说田野考古的工作就是要"透物见人"，让地下的文物会说话、讲故事，考古的核心工作是通过考古学家精准的田野发掘来构建和阐释的。

田野工作是一项获取系统科学信息的工作，因此从事田野考古就必须采用科学的理论和方法，这是田野考古概论课程向大家系统讲授的内容，包括考古地层学、类型学、埋藏学等理论，科学发掘、科学测绘、科学采样和科学记录等方法。全面、系统掌握现代信息技术在田野考古中有十分广泛和深入的应用。田野考古工作是科学发掘古代人类的遗留，阐释文化遗产科学与历史价值的基础性工作。

2014年3月，习近平总书记在联合国教科文组织总部的演讲中指出，让收藏在博物馆里的文物、陈列在广阔大地上的遗产、书写在古籍里的文字都活起来。这就需要每一位考古学子在学习中认真思考，田野考古工作如何做到让埋藏在地下的文物活起来。

三、田野考古是文化遗产保护的基本内容

文化遗产的价值需要细致的田野考古发掘来阐释。以河南安阳殷墟遗

址为例，考古发掘之前，大家对殷墟的认识只是这里出土甲骨。但通过百年的考古发掘，我们进一步了解这里宏伟的宫殿建筑、大型贵族墓葬、精致铸铜作坊、特殊祭祀遗迹，等等，从而实证了殷墟作为殷商帝国晚期的都城的地位，并重新定位遗址的价值，也实现殷墟"从考古遗址到世界遗产"的飞跃。田野考古工作是其中的关键。因此，我国要求遗址的保护规划需要同步完成考古工作计划，并根据考古发现和研究成果及时修改遗址的保护规划。

随着我国经济社会的发展，基本建设过程中不可避免会遇到大量的文物古迹。在不得不破坏这些遗存的情况下，田野考古发掘和科学记录就成了文物保护的唯一手段。据统计，目前我国的田野考古发掘项目中，90%的基建考古项目属于这种情况。目前，我国的文物考古工作"十六字"基本方针就是针对这种现实状况的，也为我们的田野考古工作增加了现实的紧迫感。随着现代科学技术的进步，我们能从遗址和文物中提取的信息量不断增加。因此，发掘现场的文物保护所投入的时间、成本都呈指数级别增加。无论是文物现场保护还是将文物遗迹整体搬迁到室内的实验室考古，都要求我们从事更加精细化的田野考古发掘作业。文化遗产不可复制，考古发掘工作不可逆，这就要求我们必须秉持对党、对人民、对历史负责的高度职业道德感和时代责任感来从事田野考古工作。要把凝结着中华民族传统文化的文物保护好、管理好，同时加强研究和利用，让历史说话，让文物说话。

从事田野考古工作是考古工作者服务基层文化工作的重要内容。据第三次全国文物普查统计，全国共登记766722处不可移动文物。2009年统计结果显示，我国平均每个村都有1处以上的遗址。这一方面说明各类考古遗址是广泛分布在全国各地的，是十分普遍的重要文化资源；另一方面说明，要充分保护好遗址，必须广泛发动人民群众，了解自己身边的文物，保护好自己身边的文物，讲好自己家乡的历史故事。

从事田野考古发掘实习的同学在考古遗址周边的村镇开展针对中小学

生的社区考古活动，让孩子们了解自己身边的遗址、认识身边的文物，增强文物保护主动性。

因此，田野考古不仅是一项专业的考古学研究和文物保护工作，更是面向人民群众的文化建设事业。深入群众普及考古知识是考古工作者应有的社会责任。脚踏实地、仰望星空，田野考古既是考古学者从事科学研究的起点，也是走出学术象牙塔、深入基层、了解社会的重要基点。有人说，考古工作者时刻要与"土"打交道，是最接地气的。的确如此，在基层从事田野考古需要我们深刻了解党的基层政策，全面建成小康、建设美丽乡村等都需要我们的参与。田野考古实习课程是一门重要的社会劳动实践课，参加过田野考古实习的同学们都深有感触。

作为新时代的青年学子，我们永远应该怀抱田野，心系人民，"为天地立心，为生民立命"；而作为一名考古学子，承担起文化工作者的责任，为诠释、保护和传承中华历史文脉不懈奋斗，则是我们应该身体力行的事情。

四、考古学家在田野考古中的责任

考古学家挖的"宝"究竟是什么宝呢？

第一，考古遗址集中埋藏着古代人类活动的丰富历史信息，是传承中华文明的国之瑰宝。第二，考古工作者通过田野发掘和研究，科学阐释埋藏在地下文物的价值，保护好文化遗产，是增强"更基础、更广泛、更深厚的文化自信"的传家宝。第三，青年考古学子学习掌握田野考古的基本技能是服务国家文化事业的看家法宝。

田野考古是考古学研究和文化遗产保护的基础工作，也是自觉增强文化自信、服务国家文化发展战略的重要内容。青年一代考古人，应努力在田野中守初心、担使命、增才干、砺品格，努力做好中华遗产的保护者、中华文明的诠释者、中华文化的传播者，"让青春在党和人民最需要的地方绽放绚丽之花"。

第2讲

以真情育真情，培养知华友华人才

沈庶英　北京语言大学

> **引言**
>
> "绿水青山就是金山银山"生动形象地揭示了经济发展和生态保护的关系。国际学生在学习"两山"理论的科学内涵后，可深入理解中国新发展理念和中国倡导的构建人类命运共同体的意义。

▶ 主讲人介绍

沈庶英，北京语言大学汉语学院教授，毕业于吉林大学中国语言文学专业，长期从事对外汉语教学工作，具有丰富的海内外汉语教学经验。曾获"北京语言大学教学名师称号""北京语言大学优秀骨干教师"称号。主讲综合课程高级商务汉语，内容涉及汉语语言知识、商务专业知识、中华传统文化知识，并在教学中融入育人内涵。课程在学习通平台上线，以育人理念先进、教学内容丰富、教学模式创新而获得专家好评。

中欧班列在抗疫中发挥了重要作用。防疫物资从中国出发，通过中欧班列送达沿线各个国家，又由这些国家辐射周边国家，搭建一条多国合作抗疫的"生命通道"。未来，中欧班列将在其他方面发挥更大作用。

本讲探讨中国与中亚国家在合作交流中的彼此关切和愿景目标，理解其中的重点词语的意思和用法。

一、重点词语学习：合作共赢、新发展理念

合作共赢，意思是在合作过程中各方都获得利益，你赢我赢大家赢。搭配有：双方合作共赢、彼此合作共赢、建立合作共赢的机制、双方形成了合作共赢的关系。合作是共赢的基础，共赢是合作的最高目标，只有共赢才能长久地合作，才能合作顺利、合作愉快。合作共赢是一种境界、一种胸怀，体现了中华优秀传统文化的"和合"思想。中国提出"一带一路"倡议，规划"六廊六路多国多港"框架，致力于实现多国的合作共赢。

可持续发展是指既满足当代人的需要，又不对后代人满足其需要的能力构成危害的发展。中国非常重视可持续发展，把可持续发展作为国家发展的战略目标。为了实现这个目标，提出了新发展理念，新发展理念的内涵包括五个方面，即创新、协调、绿色、开放、共享。

创新是引领发展的第一动力。嫦娥探月、人工智能、移动支付都是创新的成果。袁隆平团队培育的杂交水稻这项创新成果，为解决世界粮食安全问题作出重大贡献。这就是创新的力量。

协调是持续健康发展的内在要求。中国很大，各地区发展不平衡，这就需要协调好各地区各方面的关系以保证发展的协调性。

绿色是永续发展的必要条件和人民对美好生活追求的重要体现。人与

自然是生命共同体，绿色发展就是要在保证生态环境不受破坏的前提下发展，是人与自然和谐发展。节约资源，高效循环利用资源，走绿色低碳循环经济发展的道路，这就是中国坚持的绿色发展理念。

开放是国家繁荣发展的必由之路。开放是中国永远不会停止的脚步，中国还会不断加大开放力度，让中国走向世界，让世界了解中国。希望同学们把中国开放的理念传达给你的亲人和朋友，让他们了解中国的友好情谊，了解中国对世界的诚意。

共享是中国特色社会主义的本质要求。中国坚持共享发展理念，就是努力保障每个人都能分享发展的红利，小康路上一个都不能少，逐步实现共同富裕。

这就是中国的新发展理念，也是可持续发展的中国故事。

二、课文学习：合作共赢、可持续发展

今天，在古老的丝绸之路上，中国与中亚国家的合作蓬勃发展。能源合作是双方合作共赢的亮点，可持续发展是双方合作的重要关切，建设天蓝、地绿、水清的美好家园是彼此共同的心愿。

本讲的核心词是合作。中国和中亚国家在能源领域的合作目标指向经济发展，可持续发展是双方合作共赢的重要关切。各国都非常重视和关注可持续发展。建设天蓝、地绿、水清的美丽家园，要实现这个目标离不开环境保护。

本讲围绕"合作"谈了经济发展和环境保护两个问题，这也是发展过程中必须面对的两个问题，如何协调好二者的关系，对于发展至关重要。2013年9月，习近平主席在哈萨克斯坦纳扎尔巴耶夫大学回答学生提问时，阐明了经济发展与环境保护的关系问题。习近平主席强调，我们既要绿水青山，也要金山银山。宁要绿水青山，不要金山银山，而且绿水青山就是金山银山。

绿水青山指的是美好的环境，美丽的家园；金山银山指的是财富和经济发展。用大家以前学过的"既要……又要……"来表示，二者关系就是既要绿水青山，也要金山银山。当"金山银山"和"绿水青山"只能选择一个的时候，怎么办呢？习近平总书记强调，宁要绿水青山，不要金山银山。为什么选择"绿水青山"呢？因为绿水青山就是金山银山。连在一起说就是：既要绿水青山，也要金山银山。宁要绿水青山，不要金山银山，而且绿水青山就是金山银山。

"绿水青山就是金山银山"是这段话的核心句。这是一个科学论断，体现了我们今天学习的新发展理念，体现了绿色发展、文明发展、可持续发展的生态文明观。这些年同学们也感到中国的环境越来越好了。这是因为我们认识到，环境也是财富，而且是无价的财富，不能为了眼前的经济利益破坏环境。为了可持续发展，为了子孙后代拥有美好的家园，中国可以舍弃金山银山，放缓经济发展的脚步。这体现了中国作为一个负责任大国的担当。

保护生态环境、应对气候变化，是全人类共同的责任。中国提出构建人类命运共同体理念，呼吁世界各国联合起来，共同应对人类面临的各种挑战。我们生活在同一个地球，这个蓝色的星球是我们共同的家园，也是唯一的家园。经济全球化和科学技术的进步，缩短了我们彼此的距离，大家你中有我，我中有你，命运与共，休戚相关，我们是一个命运共同体。如果这个命运共同体的成员都能坚持绿色发展、文明发展，那么这个世界一定会变得更美好。绿水青山和金山银山不是对立的，如果协调好的话，绿水青山也可以转化为金山银山。

中国贵州省有个久安乡，那里曾经到处是小煤窑，破坏了山林和植被，水也被污染了，空气质量一度非常差。近年来，当地坚持走生态优先、绿色发展的道路，关掉了小煤窑，种植了茶树和果树，建起了国际山地旅游度假村，办起了农家乐，还销售当地的绿色优质农产品。现在农民有了可靠稳定的收入，绿水青山真的变成金山银山。这样的地方在中国随处可见。

过去曾经是不毛之地的毛乌素沙漠，现在变成绿洲；长江休渔以后，生态得到恢复，曾经濒临灭绝的江豚，现在也经常能见到；滇池、巢湖这些曾经被污染的湖泊，都慢慢恢复了美丽的容颜。中国变得越来越美了。美丽的中国欢迎世界各国朋友来旅游，来投资，来合作！

三、拓展学习：取之有度，用之有节

取之有度，用之有节。这句话出自《资治通鉴》，意思是资源在索取时一定要有限度，使用时一定要有节制。结合"绿水青山就是金山银山"来分析这句话，意思就是地球的资源有限，不能浪费，要高效循环利用。要坚持生态优先、绿色发展，给子孙后代留下更多的绿水青山，因为绿水青山就是金山银山。生态环境是大自然赐予我们的宝贵财富，更是赐予子孙后代的财富。我们不应该也没有权力肆意浪费、毁灭性开发。我们应该像保护自己的眼睛一样保护生态环境，像对待生命一样对待生态环境。要倡导绿色、低碳、循环、可持续的生产生活方式，把我们的地球建设成天蓝、地绿、水清的美好家园。

四、结语

本讲学习的语言知识是"既要……又要……"，句子是"既要绿水青山，也要金山银山。宁要绿水青山，不要金山银山，而且绿水青山就是金山银山"。本讲的商务知识是可持续发展，为了实现可持续发展，中国提出了新发展理念，包括创新、协调、绿色、开放、共享五个方面。"绿水青山就是金山银山"这个科学理论是本讲的文化知识。

同学们，希望你们能够通过学习汉语和专业知识，进一步了解中国，了解世界，为世界和平发展，为人类文明互鉴，为建设清洁美丽的地球家园，作出更大贡献。

第3讲

新闻稿件的选择与编辑 ^①

常昕　北京印刷学院

引言

　　"我最美好的东西即政治觉悟，也是来自新闻工作。而政治觉悟，众所周知，是对现实的感受能力的最高表现。"新闻编辑的过程中存在选择性把关，会影响受众对事实的理解。本讲结合案例讲授选择性把关的概念，分析社会文化价值对把关人新闻选择的影响，阐明中国的新闻工作者应该如何以马克思主义新闻观为指导进行言论把关。

---

① 授课教材：《新闻编辑》编写组. 新闻编辑 [M]. 北京：高等教育出版社，2019.
　　授课章节：第五章　新闻稿件的选择和编辑，第一节　新闻稿件选择的意义和方法。

▶ 主讲人介绍

常昕，北京印刷学院新闻出版学院副教授，毕业于中国传媒大学新闻学专业，主讲新闻编辑、广播电视新闻学、新闻摄影等课程，系统讲授新闻理论与实务的同时，积极引导学生提高自媒体环境下的媒介素养，树立理性健康的媒介消费观，以及善用网络空间传播正能量和青年力量。已出版教材《广播电视新闻业务》，书中结合大量行业经验和实操案例，带领学生感受新闻职业的魅力与价值。

李大钊先生给新闻下的定义是"新的、活的社会状况的写真"，强调新闻的客观性原则。不同的阶级、党派、社会集团的新闻报道会流露不同的倾向性。倾向性在新闻编辑的具体工作中是如何表现的呢？这正是本讲的内容：选择性把关的概念、选择性把关的传播影响和新闻工作者言论把关的原则。

一、选择性把关的概念

2019年7月30日晚，上千名黑衣人围堵香港葵涌警署，警察刘泽基和同事被暴徒围困，不得已之下举起了枪。作为世界四大通讯社之一的法新社，在报道的标题和开篇处强调警察举枪的动作，并配有相应图片，在一段文字报道后配的另一张图片为一个流着血的人被警察带走。两张照片一前一后，用意就是营造一种强弱冲突：强者举枪，弱者流血。那么事实真的是这样吗？

当时，有媒体拍下香港警察刘泽基被殴打的画面，暴徒还用激光笔照射刘泽基的眼睛。法新社为什么不用这些照片呢？

要分析这个问题，就要引入关键概念——选择性把关。这个概念的理论起点是传播学奠基人之一库尔特·卢因在1947年提出的把关人理论。1950年，美国学者怀特把这一理论引入新闻领域。后来，盖尔顿和鲁奇二人继续发展，明确提出选择性把关。时至今日，这一概念仍然是新闻实践的一种写照。它指的是把关人，也就是编辑记者及其所在的机构，依据一定的原则对新闻事实进行选择性取舍和加工，并最终形成新闻报道。

盖尔顿和鲁奇提出，把关人的取舍原则由主客观因素构成：客观因素包括时间性、重要性等；主观因素有新奇程度、平衡布局等，特别是社会文化价值。也就是说，把关人所持有的社会观念和文化价值会对他的新闻选择产生重要影响。

结合香港修例风波来分析社会文化价值如何影响新闻报道，可以从中西方差异入手。中西方在意识形态、社会制度等诸多方面存在差异，一直以来，一些西方国家怀有一种优越感，但是近些年中国崛起让一些西方国家感到不安，他们绝不愿看到一个曾经积贫积弱的社会主义国家强大起来。他们拿出惯用的伎俩"颜色革命"，试图用"民主自由"的糖衣炮弹来瓦解民心，搞乱香港，从而牵制中国的发展，维护他们的霸权。一些媒体也愿意为西方的霸权主义背书，在选择性报道中输出这种价值取向。比如法新社，面对暴乱分子的所作所为，采取选择性失明，少报或者不报；而针对警察执法的一举一动，采取选择性渲染，进行夸大甚至失实的报道。

因此，新闻编辑的选择和把关看似简单，实际上却受媒体利益或编辑方针约束，甚至基于对党派和国家立场的认同，而这种认同植根于西方深层的社会文化价值。

英国广播公司（BBC）针对香港修例风波的电视新闻呈现了人山人海、警察好似凶神恶煞的场面，这进一步明晰西方媒体选择性把关的做法。这种报道为什么会给观众带来视觉和心理上的冲击呢？电视新闻的业务技巧主要包括采、写、编、拍等环节，BBC的电视新闻在每个环节都进行精心的设计和选择。在采访方面，记者把唯一的采访镜头给了游行队伍中的一个年轻人，而不是警察，因此，观众听不到警察的表态。解说词方面，记者把这些活动说成对香港民主和自由的捍卫，而不是暴力活动。在拍摄环节，记者强调突出警察怒目圆睁的神态，从而丑化甚至黑化警察的形象。编辑的后期取舍也有很强的目的性，比如选取警察用烟幕弹驱散暴力分子的镜头，而非暴力分子打砸抢烧的镜头。

作出这种报道的媒体不就是颜色革命的工具吗？他们打着民主的旗号，制造政府和民众之间的矛盾，企图在价值渗透中实现政治权力的转移。

二、选择性把关的传播影响

西方媒体选择性把关的报道会产生什么影响呢？

首先，会导致信息茧房现象。观众刷手机、看电视，接触的都是断章取义的报道，自然就会离新闻事实越来越远。一边倒的声音越积越多，那些颠覆政权、攻击"一国两制"的错误舆论就形成了。

再进一步，如果错误舆论重重累加，就会造成污名化传播。社会学家戈夫曼提出，污名会使人丧失社会信誉或社会价值。也就是说，一个人持续遭受错误言论的攻击，就会失去声誉。

香港国安法实施当天，美国保守派媒体福克斯新闻在脸书上发布一条污名化香港国安法的内容，试图给香港国安法贴上负面标签，引导不明真相的网友攻击中国，设置针对中国的议题，带偏风向。

面对污名化中国的新闻报道，我国媒体自然要根据我们的国家立场给予回应。

三、新闻工作者的把关原则

马克思主义新闻观是无产阶级在长期的实践过程中形成的关于新闻事业经验与传统的科学总结，是马克思主义新闻思想与理论的高度概括，是与西方资产阶级新闻观有着根本性区别的新闻观。马克思主义新闻观的特点是具有丰富的实践性、严谨的科学性、鲜明的时代性和高度的政治性。马克思主义新闻观的核心观念主要有党性原则、人民中心观念、新闻规律观念和正确舆论观念。新媒体视域下，马克思主义新闻观对中国新闻事业的发展仍然具有重要的指导意义，比如，坚持正确的舆论导向是党性原则的要求和具体体现，抵制虚假新闻是新闻真实性原则的要求和体现，传播过程体现"共情"是群众性原则的生动实践。

具体来看，我们的把关要遵循哪些原则呢？

首先，坚持真实性原则。真实性是约束中外所有新闻工作者的首要把关准则。英国路透社曾发布这样一条报道。疫情之下，交通管制，陆大姐要带女儿去武汉化疗，走到防疫关卡处被拦住了。这篇新闻的标题是"防疫关卡前母亲为患癌女儿苦苦哀求"，并配了陆大姐痛哭的照片。路透社的报道逻辑是：先交代基本信息，接下来是直接引语"他们不让过"，再铺垫细节：女儿的状态和母亲的声音，最后是陆大姐的背影。每条信息看似都是真实的，而且很有现场感，但是我们却读出来一些弦外之音：引语暗示执法者的"残忍"，细节渲染母女二人弱小无助的"惨状"，结尾让受众看到一个"备受欺压"的农村妇女的形象。这条报道其实大有深意，试图误导西方观众中国毫无人权和自由。这种选择性把关无不流露着他们在中国问题上的价值取向，也就是傲慢与偏见。事实上路透社的报道忽略了很多事实真相，比如母女二人被请到屋里等消息，指挥部联系救护车护送娘俩去武汉。因此，只有具体的局部的真实是不够的，我们还要掌握事情的全局全貌，兼顾整体真实，这才是辩证、全面、客观的报道品格。

其次，坚持以正面宣传为主。正面宣传绝不是简单地说好话，而是通过有吸引力和感染力的报道让受众相信报道所传达的向上的精神。2020年3月5日，在武汉大学人民医院，医生刘凯护送87岁的患者做 CT，他们不经意地驻足，不仅欣赏了久违的夕阳，也让读者和观众从一张随手拍的照片中收获温暖和感动。因此，只要我们的内心充满阳光、善良和正义，每个人都可以作正面宣传。正面宣传和舆论监督是相辅相成的，媒体也要直面社会中的丑恶现象，针砭时弊。媒体的批评性报道不仅让渎职的领导干部受到处分，更给广大领导干部敲响警钟。不过要明确的是，舆论监督的目的不是找碴、让谁难堪，而是为了解决问题，让工作向更好方向发展。

最后，坚持正确舆论导向。新闻舆论工作要讲政治、讲立场，不能东倒西歪、左右逢源。例如，香港国安法实施前后，一些欧美国家在国内外社交平台上对中国内政横加干涉。面对这种严峻的国际舆论形势，中国媒体必须亮明立场。《人民日报》发声谴责：在香港国安法公布实施之后，美方执意推进审议所谓"香港自治法案"并将其签署成法，充分暴露其在香港问题上的霸道行径和丑恶嘴脸。对于香港国安法，中国媒体导向明确，坚定支持立法保护香港，坚决反对西方霸权干涉。

实际上，抛开舆论工作不谈，有一个道理是每一个人都懂的：安全稳定关乎生活在这片土地上的每一个人，这就是我们常常讲的家国情怀，也是我们坚定立场的最根本的缘由。

四、结语

真实性之所以是新闻的生命，是因为我们像追求真理一样在新知中获得对于外界和自我的澄明。但是只有真实的新闻是没有光彩的，我们需要赋予它更具价值的意义。不过，如果这种价值依托的是偏见的立场、不完整的事实、新闻手段上的投机，那么这样的报道是没有任何真实可言的。作为新闻工作者，我们捍卫真实，追求真理，这是我们的责任。而作为一名中国大地上的新闻工作者，我们应站稳中国立场、讲好中国故事，既追求真理，又关怀价值，创作出有思想、有温度、有品质的好作品。

《百年孤独》的作者、新闻记者加西亚·马尔克斯说："我最美好的东西是政治觉悟，也是来自新闻工作。而政治觉悟，众所周知，是对现实的感受能力的最高表现。"大家作为未来的新闻工作者，也要胸怀这种匹夫有责的担当，从更高的站位透视世界、认识社会、把握当下。

第4讲

语言表达
——情声气在朗诵作品中的运用

马若宁　北京城市学院

引言

　　在朗诵这一语言表达形式中，情声气的技巧十分重要。情声气的技巧结合中，情感是排在第一位的。真感情和真投入配合声音和气息的控制方法才能传递出美好而坚定的声音。

▶ 主讲人介绍

　　马若宁，北京城市学院表演学部讲师，毕业于中国传媒大学播音与主持艺术专业。主讲课程语言表达、普通话语音与播音发声，课程讲授内容涉及普通话语音、播音创作基础等。曾获第三届北京市大学生艺术展演优秀指导教师称号、第二届中国朗诵大会优秀指导教师奖、第四届"夏青杯"

全国朗诵大赛"伯乐奖"、第22届齐越朗诵艺术节暨全国大学生朗诵大会优秀指导教师奖等荣誉。指导原创作品《青春的我们》荣获北京市大学生艺术展演朗诵组金奖，指导原创作品《梦寄深蓝》荣获第六届北京市大学生戏剧节朗诵组金奖、第二届全国朗诵大会集体组铜奖。

今天，让我们走近一位特别的人。他是新中国第一位播音专业教授，解放战争时期，他播报了大量新闻，极大地鼓舞了人民的士气，瓦解了敌人的斗志。1949年开国大典上，铿锵有力的男播音员的声音正是出自这位老师之口。他就是中国老一辈播音艺术家——齐越老师。

在语言表达的学习当中，不少同学有这样的困惑：声音看不见摸不着，如何配合情感去诠释作品呢？齐越老师曾说："谁说声音是无形的，易逝的？我深深地相信，献给祖国的声音，如撒在神州大地的种子，将开出不败的鲜花。"

在情声气的技巧结合中，情感是排在第一位的。真感情、真投入，配合声音和气息的控制方法，才能传递出美好而坚定的声音。本讲通过朗读作品学习两个知识点：情声气的定义和情声气的要求。

一、情声气的定义

从字面意思不难理解，情声气指的是情感、声音、气息。但是这里所说的情感，指的是有声语言创作中始终流动着的思想感情。在这里需要作一个重点提示：始终流动。当你拿到一篇文字作品，从第一个文字开始，到最后一个标点符号结束，情绪始终是涌动的。情绪的体现绝不仅仅停留在某一个词或者某一句话上，而是贯穿全文。没有情感的艺术创作没有灵魂，所以在创作中要讲究真感情、真投入。

声音的演绎对朗诵作品来说是一次二度创作，需要科学系统地训练声音。那依靠什么来支撑声音进行不同色彩的呈现呢？答案就是气息。如果把有声语言创作比喻成一辆小汽车的话，气息就是车里的马达，动力强劲、灵活自如，这辆小汽车才会跑得更快更稳健。

接下来，先通过一篇《洞庭湖》的绕口令来热热身。

洞庭湖

东洞庭，西洞庭，

洞庭山上一根藤，藤上挂铜铃。

风吹藤动铜铃动，风停藤定铜铃静。

拿到文字作品之后，通常采取以下几个步骤。

第一步，建立情感框架，体会作品背后的创作意图以及想要表达的情感基调。大家透过文字感受洞庭湖美好的意境，泱泱华夏，无限美景，正是中国向世界展示的一张名片。诵读时要在文字当中找寻诗意，用诗意拥抱祖国的大好河山。

第二步，分析语言细节。我们看第一句：东洞庭，西洞庭。眼中有美景，东西洞庭的位置是不一样的，我们声音位置的处理也不能一样，用声音传达出位移，也就是位置的变化。再看第三句，有个字很妙，那就是"挂"字。"日照香炉生紫烟，遥看瀑布挂前川"这句诗中也有这个字。挂这个字在生活当中的体验是什么呢？你的肢体会往上提一下，有弹动感，所以在气息的配合上也要注意灵动性。如果这个字全部用大实声，虽然读出来很洪亮，但是听上去比较僵硬。所以在处理的时候适当加入一点虚声，虚实结合。再看最后两句，很明显是动静对比，其中对于静态的表达就考验气息是否绵远悠长了。气息一定要把声音托住，真正读出万籁俱寂的感觉，同时让一篇作品有完整的结束感。

第三步，复盘。解析细节之后需要回过头再去诵读作品，去体会强调的细节知识点能否完全吸收。

我们面对文字作品的时候，要先搭建情感框架，因为情是内涵、是依托、是理解作品的源头。声音是情感的载体，而声音要想富有层次变化靠的是气息，因此气是基础、是动力。情感、声音、气息三者密不可分，缺一不可。

二、情取其高、声取其中、气取其深

情声气在朗诵作品时到底有什么要求呢？带着思考我们来读艾青的《我爱这土地》。这个作品传诵度很高，是著名的抒情名篇。按照同样的方法，第一步确定情感基调，因此需要了解作品的创作背景。

这个作品创作于1938年，抗日战争时期诗人面对的是满目疮痍的土地，但是中国人民奋起抵抗，展开了不屈不挠的斗争。人们坚定地相信希望一定会到来，所以有了传诵度很高的两句"为什么我的眼里常含泪水？因为我对这土地爱得深沉"。从情感角度而言，这个作品蕴含了两个层次的情感，在国土沦丧、民族危亡的关头，诗人对侵略者的仇恨，以及对祖国的挚爱。因此，在情感基调的把握上大家要注意两部分的对比。

我们再看一下这部作品的细节对声音和气息有怎样的要求。第一句"假如我是一只鸟"，用鸟和土地生动形象地表达了"我和祖国"的关系，在第一个层次当中，嘶哑、暴风雨、打击、悲愤、激怒有共性，都很激烈。诵读这些表达憎恨情感的词汇时，声音气息应该气足声硬，扎实有力。

情绪转折出现在"和那来自林间的无比温柔的黎明"。这句话承接上下两个层次，表达心中的希望之光来了。黎明是代表希望的词，是美好的、充满期待的，所以下一个层次当中，"连羽毛也腐烂在土地里"，表达的是作者对祖国的挚爱之情。表达爱的情感时，声音和气息应该是气徐声柔，大家想象一下生活中表达"我爱你"时的气息。因此，这篇作品从情感基调来说要有两个层次的明显划分。

一只鸟和土地的关系，就是我与祖国母亲的关系。连羽毛也腐烂在土地里，是真正的生死相依、至死不渝。我们和祖国的关系就是这样血浓于水的关系，这篇作品虽然不长，但每一句都直抵人心。作品快收尾的部分，情感要烘托到高潮了，这种浓烈的情绪需要声音沉下来。最后两句可以进行一次重复齐诵，第一遍节奏要快，第二遍收尾节奏放缓，气息拖住。

朗诵创作对于情声气有不同的要求：对情的要求，"言由心生"，一字一句都要把内心视像和精神世界表现出来，感动不能停留在自我感动的阶段，要通过传达让受众感受到、体会到。对声的要求，每一篇作品的内涵不同，需要的声音类型不同，同一个人在同一个作品中的声音色彩也是充满变化的。对气的要求，用气支撑声音变化，做到强有力地控制，灵活自如地运用。

在这里给大家总结一个十二字精髓：情取其高、声取其中、气取其深。情感在高潮最饱满；声音以自己舒适的中音区为主，根据内容进行变换；气息要起得深，送得远。整体来说，最终追求的表达状态是字正腔圆、刚柔并济、清晰持久、声情并茂。

希望通过今天的学习，同学们能够在朗诵作品中不断体会，发挥情感、声音、气息的优势。我们传达的不仅仅是中华民族战胜艰难险阻最终走向胜利的声音，还是堂堂正正的真理之声！

第5讲

用数字技术创作美的作品

崔蕴鹏　中国传媒大学

引言

　　本讲以实际案例的创作需求为主干，讲解数字合成中的一项重要技术——色彩调节。课程以大型专题片《长征：不朽的魂》中红飘带的特效设计、制作难题与解决过程为例，讲解合成软件 After Effects 中"色相饱和度"滤镜的用法，以及用色相、饱和度和亮度来观察色彩、描述色彩、调整色彩的方法。

▶ 主讲人介绍

　　崔蕴鹏，中国传媒大学数字媒体艺术专业博士，中国传媒大学动画与数字艺术学院副教授，数字媒体艺术系主任、中国高校影视学会网络视听专委会理事。主要讲授数字影视创作技术课程，如数字合成技术、镜头设计与动态预览、数字短片创作等。创作成果在国内外比赛中斩获多个奖项。

从教15年来在学生评教中均获得A级评价，学校、学院督导专家组织多次观摩课程，获得众多专家的一致好评。北京高校优秀本科育人团队——数字媒体艺术本科育人团队成员，课程入选首批国家级本科一流课程。

本讲将带领大家学习数字合成中的一项重要技术：色彩调节。我们将以实际案例的创作需求为主干展开今天的课程，带领大家再现实际创作过程中一个曾经困扰我的难题，通过分析、研究，最终使用数字合成技术调节色彩，达到理想的效果。

这个案例来自纪念红军长征胜利70周年原中央电视台大型专题片《长征：不朽的魂》，我有幸作为合成师负责片中的特效设计和制作工作。特效的设计核心是通过CG制作的红飘带在实景中跨雪山、过草地，表现长征就像"地球上的红飘带"的意象。主创人员对这个设计非常满意，马上提供前方摄制组实拍的莽莽雪原素材交由设计团队开始效果的试制。没想到，审片组反馈了这样的意见：红飘带的红色太匠气，不能体现红军长征时的艰险。这条意见一下把我们难住了。在以往的创作中，我们倒是经常碰到"高端、大气、国际化"等意见，也有了成形的解决方案。但这次被批评"太匠气"，我们都有些困惑。红飘带的红色是我们特意仔细确定的正红色，到底是哪里出现了问题呢？一条CG制作的红飘带怎么能生动体现红军长征时的艰险呢？

我们作为数字合成师经常遇到这样的困惑，但解读意见、形成方案、最终通过合成技术实现更好的效果是合成师的工作职责，我们的创作不能止于第一步。经过仔细分析，我们认为审片组反馈的这条意见还是很具体的。

首先，修改的对象是红飘带，这一点很明确。在合成中，修改对象就是红飘带的图层。修改的内容是红飘带的色彩，不是形状、动态。因此，焦点定在红飘带图层的色彩表现上。原本正红色的设计需要通过调整来体现红军长征时的艰险，也就是真正让我们制作的 CG 红飘带"活"起来，代表红军跨雪山、过草地，并且连接历史与现在。

锁定问题后我们立刻调整。调整色彩是数字合成中最常用的画面元素调节，在 After Effects 软件中通过三步操作来完成：第一，选择对象图层，对于这个案例来说就是红飘带图层；第二，从效果菜单中找到颜色校正组；第三，点选"色相饱和度"滤镜将它施加在红飘带图层上。这三个步骤也适用于给任意图层施加任何滤镜。

图层上有了"色相饱和度"滤镜，左上方出现"效果控件"窗口，里面显示的是刚施加到红飘带图层上的色相饱和度滤镜的参数。我们可以通过调节这些参数来调整目标图层的色彩了。

第一个参数是"主色相"，它影响的是色彩的种类；第二个参数是"主饱和度"，它影响的是色彩的纯度；第三个参数是"主亮度"，它影响的是色彩的明亮程度。这三个参数与美术创作中常用的 HSB 色彩描述方式完全一致，也与我们在日常生活中描述色彩的方式相契合，方便我们用感性的语言描述色彩变化。

比如，色相向正数方向偏移，色彩就偏向黄色，也就是暖色，反之则是变冷。色相的单位是度数，与标准色轮的度数一致，从零度的正红色开始，向正数偏移依次是"红、橙、黄、绿、青、蓝、紫"最后回到红色。饱和度是从负一百到正一百的数值，为零的时候饱和度不变，负一百时图层完全去色变成灰度，正一百时图层色彩完全饱和。亮度也是从负一百到正一百的数值，为零的时候亮度不变，负一百时为纯黑，正一百时为纯白。

色相饱和度滤镜这三个参数可不简单，它可以修改色彩。这是数字合成给创作者带来的巨大空间，也是对创作者的艰巨挑战。现在我们已经有了控制红飘带色彩的能力，但要调出什么样的红色呢？什么样的红色才能表现红军长征的艰险呢？

到这一步，我们真正进入数字合成的核心。操作软件是有步骤可循的，甚至可以说是相对简单的。添加色彩调节滤镜，我们点三下鼠标即可完成。但使用数字合成技术表现什么内容、体现什么效果，却需要合成师仔细推敲。技术给我们的是表现的可能性，而我们要通过对现实的观察、对主题的理解，将价值观以技术的形式固化下来、传播出去，进而影响千千万万的观众。这也是青年学子所必须掌握的核心技术。

在这个案例中，创作的对象是中国人最熟悉的色彩——红色。它在生活中处处可见，也是深植于我们文化基因中的色彩，甚至可以说是中华民族的代表性色彩。但是同学们有没有用合成师的目光仔细审视过红色呢？作为一种文化符号，细微的色彩差异就可以表现丰富的意义。因此，我们有必要在动手调节参数修改色彩前，做一番观察和研究。

说到红色，大家最先想到的往往是纯红，它的色相在零度附近，饱和度亮度都很高，表现力也是鲜艳喜庆的，是我们年节庆典上常见的色彩。如果在网上搜索"春晚舞台"，就能感受到纯红是绝对的主角。反思一下，我们之前制作的红飘带，采用的就是这个色彩，难怪被批评显得"匠气"，气氛也与阴沉的雪山和艰险的长征不搭。

还有一个常被提到的红色是中国传统建筑中使用的红色，比如故宫红。它的色相也是零度左右，但饱和度和亮度都降低到百分之六七十，营造一种沉稳厚重的观感。一般情况下，红色给人的燥热感很强，但这种古朴的红色使人置身其中而不会感到过于烦躁。可见前人就已经践行了以人为本的设计。

说到旗帜的红色，大家最熟悉的就是我们的国旗红了。无论是校园中升起的国旗，奥运赛场上飘舞的五星红旗，还是嫦娥五号在月球上升起的五星红旗，红色都是完全一致的，我们的科研人员为在月球正负150摄氏度的温差下仍能让国旗"保持本色"做了很多研究。这里的本色，就是国旗红的标准色彩。它是写入国家标准的精确色彩，对应到数字色彩空间，国旗红是色相为8度，饱和度和亮度均为80%的色彩，相比纯红色要偏暖一些。这是一种热血、庄重的红色。

而与我们红飘带最相近的是战旗。我们找到经典影视作品中的画面作为参考，同时在军事博物馆找到真实的红军旗帜。那一刻我们被战旗的红色所震撼了。它不像正红那样鲜艳，也不像故宫红那样雍容，而是有一种历经磨难的凝重冷峻。

这就是我们寻找的红飘带的红色。通过取色分析，我们发现在阴沉天气的环境下，战旗的色相是向负数偏移的，也就是带有一定的冷色走向，不仅表现出冷峻的色感，而且能使其与背景环境融为一体。经过硝烟的洗礼，战旗的红色亮度显著下降，但红色依然饱和。这正好对应之前我们给红飘带图层施加的"色相饱和度"滤镜的三个参数。

首先，色相向负数调节，体现红飘带的冷色走向，但不能太过。其次，饱和度适当提高，提高红飘带色彩的厚重感，同时抵消亮度降低带来的色彩纯度下降。最后，大幅降低亮度，让红飘带凝重下来。

虽然在参数上调整不多，但画面主体元素带来的观感是完全不同的。相比之下，修改前的正红色虽然鲜亮，但红飘带与环境之间是分离的，红飘带也显得轻薄，更像娱乐节目的设计。修改后的红飘带显得冷峻凝重，与整体环境气氛更和谐，自身也更加厚重。这样，我们通过对红飘带图层施加色相饱和度滤镜，完成了红飘带的色彩调整。用审片组的话说就是，经过用心研究，通过数字合成中小小的调整，把"匠气"变成"大气"！

本讲的技术要点是合成软件 After Effects 中"色相饱和度"滤镜的用法，以及用色相、饱和度和亮度来观察色彩、描述色彩、调整色彩的方法。这是数字合成技术中的基础技术，也是很重要、很常用的技术。

本讲通过实践案例展示色彩调整这一基础性的技术所蕴含的巨大可能性。数字合成从来不是点几下鼠标就能完成的工作，而是要分析问题、调查研究，走入博物馆、关注现实世界，以更开阔的视野和更高的审美形成创作的意象，最终用数字合成工具来实现。未来，在人工智能和云计算等先进技术的支撑下，软件会越来越智能、计算能力会越来越强大，但创作的方向和其中的价值依然需要由人来把握、来注入。

学会合成软件的操作技术是成为优秀传媒人才成长的起点，我们要用最新的技术手段，实现最美的艺术表达，最终将价值观凝结于作品之中，把真正的中国之美通过传统媒体和新媒体呈现在全球亿万观众面前！

第6讲

如何解锁社区民警的动员技能 [①]

周延东　中国人民公安大学

引言

我们的日常生活中，有这样一群人，在平凡的工作岗位默默地奉献、静静地付出。他们在昼夜连轴的旋转里披星戴月、拥抱朝阳；他们在黑白交织的人群中穿行无间、明辨是非。他们就是我们的社区民警，把自己的付出悄悄化为百姓的平安，把承受的困惑、懊恼、委屈和无奈融进自己永远流不出的眼泪中。

▶ 主讲人介绍

周延东，中国人民公安大学治安学院副教授，毕业于中国人民大学社

---

① 授课教材：杨瑞清. 社区警务 [M]. 北京：中国人民公安大学出版社，2015.
授课章节：第五章　社区警务的基本方法，第三节　社区警务的群众工作方法。

会学专业，主讲课程为社区警务、社会治安调查、治安学经典文献研读，课程讲授内容涉及社区人口管理、社区安全防范、社区调解等，曾获北京高校第十一届青年教师教学基本功比赛论文一等奖、北京市普通高校本科毕业论文优秀指导教师、中国人民公安大学线上教学优秀教师、中国人民公安大学本科第二课堂优秀指导教师等奖项和荣誉称号，荣获个人三等功2次，主持中国人民公安大学治安研究方法金课建设、中国人民公安大学社区警务微课建设等教学研究项目，设计制作"破窗理论及应用：社区空间安全防范""社区矛盾纠纷调解策略与技巧"等微课，深受师生好评。

2020年初，有一个帖子在网上广为流传，标题是：这次疫情，我们读懂了"中国警察"。在美国新冠疫情非常严重的时候，曝出了一个让人非常吃惊的消息，在美国纽约，1天之内，有3200名警察集体请病假。有网友吐槽，美国警察真是关键时候掉链子。而在这时，我们中国警察，却毅然坚守在疫情防控第一线，疫情不退，警察不退。

在这次疫情防控中，我们见得最多的、印象最深刻的，也许就是日夜守护在我们身边的社区民警。他们没有刑警帅，没有特警猛，也没有巡警快，但却给我们带来很多温暖。其中，"如何更好地发动群众"是他们日夜牵挂的事情。

毛主席曾说，一切工作都要走群众路线。公安工作也要走群众路线。习近平总书记指出，能否有效进行社会动员，是对执政能力的现实考验。[①]怎么理解这句话呢？就是作为一个政党，你发出一个号召，民众都积极响应，众志成城，那你的执政能力就强大；相反，你发出一个号召，没人理你，那你的执政能力就弱。在这次新冠疫情防控中，中国共产党表现出来的强大社会动员能力，让很多西方国家政党都感到震撼。

---

① 习近平. 之江新语 [M]. 杭州：浙江人民出版社，2015：156.

一、社区警务的社会动员内涵

有人认为，社区警务是西方的舶来品。然而，1988年，在中国组织的一次国际警务论坛上，一位英国警务专家在发言中说："我今天不是来讲授什么知识的，是作为学生来和老师学习的，不敢班门弄斧。社区警务的鼻祖在中国，中国有位伟大的人物，他叫毛泽东，他创造了发动群众、依靠群众，通过'群防群治'来解决社会犯罪。"[①]可见，"社区警务是舶来品"这个观点是不符合事实的。

其实，在中国古代社会，就有通过"组织百姓"开展基层社会治安治理的传统。例如，在西汉，就有以五家为"伍"，十家为"什"，百家为"里"的"什伍之法"；在唐朝：就有以四家为"邻"，五邻为"保"，百户为"里"的"乡里之制"；在清朝，就有以十户为"牌"，十牌为"甲"，十甲为"保"的"牌甲制"。新中国成立以来，中国共产党更是通过"群防群治""专群结合"和"综合治理"等方法开展基层社会治安治理。所以说，中国社区警务不是舶来品，而是在"扎根中国大地""传承中华文化"和"弘扬党的优良传统"中形成的。

社区警务的社会动员内涵在我国传统文化中具有非常丰富的体现。例如，孟子主张"仁政"，"仁政"在基层社会的实践就是"出入相友，守望相助，疾病相扶持"，最终实现"百姓亲睦"，也就是说，老百姓可以通过邻里守望的方式来保障自身安居乐业。据清代仰山书院山长陈淑均所著的《噶玛兰厅志》记载："为政之道，以官治民难，以民治民易。"也就是说，"动员百姓参与治理"比"单纯的官府管理"更好一些。其实，这些都强调社会动员的重要价值。

当前，关于社区警务的社会动员有很多定义。其中，普遍认同的观点是指在党委的正确领导下，社区民警为了实现社区稳定有序和居民安居乐

---

① 陈周旺. 社区中的国家——中国城市社区治安体系研究 [M]. 上海：复旦大学出版社，2011：5.

业的目标，运用一定的动员技能，促进社区成员积极参与社区治安治理的过程。

二、解锁社区民警的动员技能

在了解内涵之后，我带领大家一起来解锁社区民警开展社会动员的四大技能，分别是生活化动员、服务式动员、关系式动员和组织化动员。

（一）生活化动员

生活化动员是指融入群众的日常生活。毛主席曾指出：看一个青年是不是革命的，拿什么作为标准呢？拿什么去辨别他呢？只有一个标准，就是看他愿意不愿意并且实行不实行和广大的工农群众结合在一块儿。所以说，社区民警要做好社会动员工作，就要真正地和人民群众结合在一块儿。用习近平总书记的话来说就是：与群众一块苦、一块过、一块干。

第一个方法是"入户走访"。近些年，浙江省绍兴市的枫桥派出所开展"大走访"工作，要求每个社区民警，每周至少走访20户居民。通过走访，枫桥实现"多了两个喊、少了一个叫"。"多了两个喊"就是村民能够喊出社区民警的名字，社区民警也能喊出村民的名字；"少了一个叫"就是百姓家里的狗，见到社区民警也不再大叫了。这说明枫桥派出所的社区民警不只和村民很熟悉，而且和村民家里的狗都很熟悉了。

第二个方法是"融入生活"。杭州茅家埠村的社区警务室，是以社区民警高荣生的名字命名的，这是一种很高的荣誉。在平时，高警官自己带了什么好吃的，经常给这些村民送过去，村民家中有什么好吃的，也经常让高警官顺路带回家。这种不露声色就能融入群众日常生活的能力，非常值得青年一代好好学习。

第三个方法是"嵌入群众的兴趣爱好"。毛主席指出，动员群众的方式，不应该是官僚主义的。要把官僚主义这个极坏的家伙抛到粪缸里去，因为没有一个同志喜欢它。因此，我们社区民警在开展社会动员的过程中，要注意运用人民群众喜欢的方式。比如，北京社区民警跟群众一起"遛弯儿"，辽宁社区民警跟群众一起"侃大山"，浙江社区民警跟群众一起"包粽子"，福建社区民警跟群众一起"喝铁观音"，等等，都是在居民感兴趣的活动中建立亲密的警民关系。

（二）服务式动员

社区民警在融入群众的日常生活之后，就要想方设法为群众提供服务，也就是"服务式动员"。

在1992年之前，我们警察的制服是没有肩牌的。这其中有一个小故事。1956年春天，当时的公安部部长罗瑞卿向毛主席汇报，根据国际上的惯例，现代警察一般要实行警衔制，于是草拟了一份报告。毛主席说："警察也要挂牌牌了？如果你们肩上扛了牌牌，还怎么帮老百姓挑水、担粮食呀？"这个小故事十分耐人寻味，充分体现了"人民公安为人民"的本质要求。

当前，为老百姓提供服务不再是"挑水""挑粮"那么简单了，而是要提供更高品质的警务服务。

第一，要"打造精细化的警务服务"。近些年，我国大力推进警务服务改革，包括最多跑一次、最后一公里、异地办理身份证、在线警务等，真正实现了"让数据多跑路，让百姓少跑腿"。还有派出所服务窗口"便民箱"里的印泥、纸巾、针线包和老花镜，"爱心药箱"里的救心丸、清凉油和酒精等，都让群众感到十分温暖。这也促进人民群众带着满意、带着幸福参与平安建设。

第二，要"提供温馨的民生服务"。浙江省湖州市罗师庄村有一位社区民警老马警官，他叫马长林，曾被评为全国"人民满意的公务员"。罗师庄村是一个城乡接合部，1.6平方公里的村子里住着近2万人，其中70%都是外来务工人员，他们普遍很忙，没有时间照看孩子，甚至还发生过孩子溺水死亡的悲剧。看到这个情况，马长林很揪心，他下定决心，一定要把平安带给孩子们。2011年，他创办了"阳光假日小屋"。每逢周六，老马就会带着孩子们学知识、做公益，10多年来，风雨无阻，为孩子们撑起了一片爱的天空。

（三）关系式动员

在"生活化动员"和"服务式动员"的基础上，社区民警还要与居民建立亲密的关系，也就是"关系式动员"。关系在中国社会生活中具有非常重要的地位。

在香港修例风波中执法专业而克制的"光头警长"刘泽基曾于2011年到上海与上海警方交流，他对上海和谐的警民关系表示十分羡慕。他说："上海居民对警察很信任，爸爸妈妈不开心，小孩子不听话，都可以与民警交流。我特别期待能把这种工作方式带到香港去。"

第一，建立亲情关系。北京牛街有一位美女社区民警，她叫沈琦，说她是美女，是因为，她不仅长相甜美，而且心灵更美，被称为"百姓亲闺女"。她常常说："我们家很大、很富有，有15栋楼、3048套房子，有一座电影院、一所小学校、一家医院、一座写字楼。社区就是我的家，社区里每一户居民都是我的家人。我是一个被3000多户家人疼爱的小片警。"沈琦把群众当家人，群众自然也成了她的依靠。牛街开展群众工作具有非常悠久的历史传统，很多到过牛街的人会感慨：牛街真"牛"！

第二，打造联盟关系。有一次，杭州文新派出所所长穿着便衣到社区调查，物业保安愣是不让他进。保安本来应该是警察的好帮手，现在反而相互不认识。为了改善这种关系，文新派出所建立"物业联盟"，把辖区内所有物业保安都纳入这个联盟，并邀请他们分批到派出所进行培训，每次培训五六天的时间。当这些保安回到自己的工作岗位后，每当他们路过派出所，都会骄傲地跟同伴讲："哥们儿，这是我的'母校'！"就这样，派出所民警与社区保安建立了非常亲密的关系，保安的热情也被充分地动员起来了。

（四）组织化动员

无论是生活化动员、服务式动员，还是关系式动员，技能都很重要，但是稳定性比较弱，这就需要通过组织化的方式把它们整合起来。

在组织化动员这一方面，中国共产党有着非常丰富的经验。在陕甘宁边区时期，我党建立了很多"组织化团体"：在经济领域，有农会、减租会等，在教育领域，有冬学、识字组、夜校等；还有一些半军事性组织，比如联庄会、民兵、少年先锋队等。[①]

20世纪60年代初，"枫桥经验"在形成的过程中继承了这个优良传统，比如，枫桥建立了"贫协"等组织化团体，干部和群众一起高唱《红梅赞》《送红军》和《社会主义好》等革命歌曲，真正地将枫桥人民群众组织起来，实现了著名的"小事不出村，大事不出镇，矛盾不上交"。[②]

进入新时代，在首都北京，威名远扬的西城大妈、屡建奇功的朝阳群众和默默奉献的海淀网友，都是通过组织化动员形成的组织团体，在维护首都社会治安秩序中发挥着不可替代的作用。

无论是生活化动员、服务式动员、关系式动员，还是组织化动员，都是中国社区民警在党的坚强领导下、在家国情怀的感染下、在人民群众的支持下一点一滴积累出来的，具有浓厚的中国特色、中国风格、中国气派。

社区民警开展社会动员工作是一项非常辛苦、非常琐碎、非常枯燥的工作，但又是非常基础、非常关键、非常得人心的工作。要知道，社区民警在动员群众的过程中，不总会看到热情和笑脸，常常面对埋怨和不理解，尽管如此，我们的社区民警依然任劳任怨、忍辱负重。

哪有什么岁月静好，不过是有人替你负重前行。让我们一起，向日夜守护在我们身边、那些可爱的社区民警致敬！

---

① [美] 马克·赛尔登. 革命中的中国：延安道路 [M]. 魏晓明，冯崇义译. 北京：社会科学文献出版社，2002：142.

② 汪勇，周延东. 情感治理：枫桥经验的传统起源与现代应用 [J]. 公安学研究，2018(3).

第7讲

国家及其财产豁免 ①

霍政欣　中国政法大学

引言

　　国家及其财产豁免是国际法的一项重要原则，在新冠疫情期间，这项重要原则被用于国际关系与问题处理上。2020年11月，习近平总书记在中央全面依法治国工作会议中强调，要坚持统筹推进国内法治和涉外法治。要加快涉外法治工作战略布局，协调推进国内治理和国际治理，更好维护国家主权、安全、发展利益。要强化法治思维，运用法治方式，有效应对挑战、防范风险，综合利用立法、执法、司法等手段开展斗争，坚决维护国家主权、尊严和核心利益。要推动全球治理变革，推动构建人类命运共同体。

---

① 授课教材：霍政欣. 国际私法学 [M]. 北京：中国政法大学出版社，2020.
授课章节：第三章　国际私法关系的主体，第三节　国家和国际组织。

▶ 主讲人介绍

霍政欣，中国政法大学国际法学院教授、博士生导师、钱端升讲座教授，毕业于武汉大学法学院国际法专业，主讲课程为国际私法、国际法前沿问题等，内容涉及国际民商事法律制度、跨国流失文物追索、涉外法律风险预防与纠纷解决等，曾获"北京市高等学校青年教学名师""北京高等学校优秀专业课主讲教师""北京青年五四奖章""宝钢优秀教师奖"等教学荣誉。

"国家及其财产豁免"是从国家主权平等原则引申而来的，指在国际交往中，一个国家及其财产未经其同意免受其他国家的管辖与执行措施的权利。这一原则源于罗马法上的古老法谚"平等者之间无管辖权"，属于习惯国际法的一部分[①]。

关于国家及其财产豁免的理论，各国学说和实践存在较大分歧，主要有绝对豁免理论和限制豁免理论。

绝对豁免论是古老的国家豁免理论，主张不论一国的行为和财产性质如何，在其他国家均享有绝对的豁免，除非该国放弃其豁免权。绝对豁免论是国家主权至上原则的体现，对于促进国家间的正常交往曾起到积极的作用，在19世纪后期几乎得到世界上所有国家的支持。20世纪中期以后，随着各国越来越频繁地参与民商事活动，坚持绝对豁免论不仅会对进行交易的自然人与法人不公，也不利于国家的长远商业利益，越来越多的国家因此逐步放弃了这一理论。

限制豁免论产生于19世纪末，主张把国家的活动分为主权行为和非主权行为，或公法行为和私法行为。一个国家的主权行为在他国享有豁免，

---

① 霍政欣. 国际私法学（第二版）[M]. 北京：中国政法大学出版社，2020：73.

而非主权行为在他国不享有豁免。抽象地说，它仍然坚持国家豁免是国际法的一般原则，但将国家不享有豁免的情况作为各种例外规定得非常具体。

　　尽管中国内地法院迄今为止尚未审理涉及外国国家及其财产的案件，但中国政府在包括美国在内的其他国家的法院被诉的情况时有发生，其中，影响较大的有"贝克曼诉中华人民共和国案"①"湖广铁路债券案"②"善后大借款案"③"仰融诉辽宁省人民政府案"④"天宇案"⑤等。在这些案件中，中国政府多次表明国家及其财产享有豁免是国际法的基本原则，主张绝对豁免论，反对限制豁免论。全国人大常委会在《〈关于香港特别行政区基本法〉第13条第1款和第19条的解释》中明确表明，我国采取绝对豁免立场。⑥由于全国人大常委会的法律解释同法律具有同等效力，⑦故可以得出中国在立法与实践上均坚持绝对豁免论的结论。

　　历史上，美国曾坚持绝对豁免论，给予外国国家和政府在美国国内法院绝对的豁免权。⑧1952年，美国国务院重新检讨对外国主权豁免的政策，并在著名的"泰特公函"中指出将采用"限制豁免理论"。⑨1976年，美国

---

① Huang Jin and Ma Jingsheng. Immunities of States and Their Property: The Practice of the People's Republic of China[J]. Hague Yearbook of International Law, Springer, 1988:177.

② Russell Jackson,et al.. v. The People's Republic of China,550 F. Supp. 869 (N. D. Ala. 1982); Jackson v. People's Republic of China,794 F. 2d 1490 (1986); Jackson v. People's Republic of China; United States Court of Appeals,Eleventh Circuit, 801 F.2d 404 (9/3/86).

③ Marvin L .Morris, Jr. v. The People's Republic of China et al, 478 F. Supp.2d 561(2007).

④ Yang Rong and Broadsino Company Ltd. v. Liaoning Provincial Government,362 F.Supp. 2d 83 (D. D. C. 2005); Yang Rong, et al.. v. Liaoning Province Government, 452 F.3d 883 (DC Cir. 2006).

⑤ Big Sky Network Canada Ltd. v. Sichuan Provincial Government, 533 f, 3d 1183 (10th Cir. 2008).

⑥ 郭玉军、刘元元. 评 FG Hemisphere Associates LLC 诉刚果民主共和国及其他人案 [J]. 时代法学，2012(2):3−10.

⑦ 《中华人民共和国立法法》第五十三条，全国人民代表大会常务委员会的法律解释同法律具有同等效力。

⑧ The Schooner Exchange v. McFaddon, 11 U.S. (7 Cranch) 116, 136−37(1812).

⑨ Letter from Jack B. Tate, Acting Legal Adviser, U.S. Dep't of State, to Philip B. Perlman, Acting U.S. Attorney General (May 19, 1952) [hereinafter Tate Letter], reprinted in 26 Dep't St. Bull. 984−85 (1952).

国会制定《外国主权豁免法》，以便美国联邦法院或州法院采用"唯一"和"排他"的标准解决外国提出的主权豁免问题。[①]《外国主权豁免法》推定外国国家有权享有豁免，同时规定主权豁免的多种例外，宣告美国在立法上正式采纳限制豁免论。[②] 因此，可以得出美国在现行立法与实践上均坚持限制豁免论的结论。

综上可见，在主权豁免问题上，中美两国目前分别采用了绝对豁免论和限制豁免论。

2020年3月中下旬开始，美国新冠疫情呈失控性发展态势，成为世界上确诊病例和死亡人数最多的国家。疫情对美国的政治、经济和社会秩序形成巨大冲击，并直接威胁特朗普连任总统的选情。与此同时，美国陆续出现在法院起诉中国，要求中国对疫情给美国造成的损失承担法律责任并提出巨额索赔的诉讼。随后此类诉讼不仅在数量上呈增长态势，而且有官方化的发展趋势：4月21日，密苏里州在联邦地区密苏里州东区法院起诉中国；5月12日，密西西比州在联邦地区密西西比州南区法院起诉中国。对于这些诉讼，特普朗和蓬佩奥多次表态支持，还有美国国会议员公开声称，中国必须为疫情给美国造成的损失负责，可以采取的方法包括迫使中国免除美国的国债等。

因新冠疫情在美国国内法院起诉中国并提出巨额索赔，此类诉讼在性质上属于"滥诉"，缺少基本的法律依据与事实基础。

首先，由"平等者之间无管辖权"的古老法谚发展形成的国家主权豁免是国际法的一项基本原则，被各国普遍接受。据此，中国免受美国法院的司法管辖，这是作为主权国家享有的国际法权利，绝非美国给予中国的恩赐。因此，在美国法院起诉中国挑战了各国公认的国家主权豁免原则，扰乱了正常的国际秩序。

---

① ［美］巴里·E.卡特、艾伦·S.韦纳. 国际法 [M]. 冯洁菡译. 北京：商务印书馆，2015：732.
② 王铁崖. 国际法 [M]. 北京：法律出版社，1995：132.

其次，即便依据美国国内法，美国法院对于此类诉讼亦无管辖权。就美国新冠疫情诉讼而言，在多数诉讼中，原告援引的是商业行为和非商业侵权两项豁免例外。在少数诉讼中，原告还提出恐怖主义豁免例外，在中国作为被告的美国民事诉讼中，这尚属首次。鉴于此，下文对商业行为、非商业侵权和恐怖主义豁免例外展开详细分析，探讨这3项例外在美国法律中的具体内涵，并结合美国新冠疫情诉讼的具体情况研判美国法院是否给予中国管辖豁免权。

《外国主权豁免法》第1605条（a）款（2）项规定的商业行为例外是限制豁免论的核心，也是美国司法实践中被援引最多的豁免例外。[1] 美国法院以商业行为例外为由对外国主权行使管辖权，须同时满足以下条件：第一，涉诉行为系商业行为；第二，涉诉行为与美国有因果关系。[2]

《外国主权豁免法》第1603条（d）款将商业行为定义为"商业行为的一般过程"或"特定的商业交易或行动"。需要注意的是，该款明确指出，"行为的商业性质应由行为过程或特定交易或行动的性质确定，而非依据其目的或效果"[3]。

就美国新冠疫情诉讼而言，原告大多援引《外国主权豁免法》第1603条（a）款（2）项商业行为豁免例外，并提出新冠疫情早期，被告明知新冠病毒极度危险，但为了"经济上的自我利益以及维护其超级大国地位的目的"而选择掩盖事实，从而造成全球疫情，给原告带来巨大的损失。[4]

由此可见，原告援引商业行为例外的逻辑可归纳如下：第一，疫情早期，被告出于经济利益的考量而选择掩盖事实，这构成商业行为；其次，

---

[1]　[美] 巴里·E. 卡特，艾伦·S. 韦纳. 国际法 [M]. 冯洁菡，译. 北京：商务印书馆，2015：747.

[2]　David P. Stewart.The Foreign Sovereign Immunities Act: A Guide for Judges[M]. 2nd ed. Federal Judicial Center (2018):51.

[3]　Republic of Argentina v.Weltover,504 U.S.607,614 (1992).

[4]　Amanda Bronstad.Class Action Filed Against China for COVID-19 Outbreak[N].Daily Business Review, 2020-03-13 (18,30).

被告的行为导致新冠疫情全球扩散，原告的损害与被告的行为存在因果关系。

原告的上述观点看似形成逻辑闭环，但存在法律上的重大缺陷。首先，依据我国《传染病防治法》，传染病的预警、公布等事项属于政府职权，[①]私方主体无权为之。其次，即便如原告所称中国政府系为经济利益而采取瞒报行为，这种基于行为目的的判断也不符合《外国主权豁免法》关于商业行为的定义，因为该法对商业行为的定性取决于行为的性质，而非目的或效果。

联合专家组国际专家多次在不同场合对中方的开放透明态度给予积极评价。美国一些人全然无视事实和科学，全然不顾自身溯源的诸多疑点和抗疫失利的惨痛事实，反复鼓噪要对中国进行再调查，这充分说明美方根本不在乎事实和真相，也没有兴趣进行严肃的科学溯源，而是想借疫情搞污名化和政治操弄。这是对科学的不尊重，是对人民生命的不负责，更是对全球团结抗疫努力的破坏。由此可见，原告援引商业行为豁免例外要求美国法院行使管辖权，其第一个逻辑环节就无法获得《外国主权豁免法》的支持，因此，美国法院不适用该豁免例外对案件行使管辖权。

《外国主权豁免法》第1605条（a）款（5）项规定了美国境内非商业侵权豁免例外，依之，对于发生在美国由外国或其官员在其职权范围内，或其雇员在雇佣范围内实施的侵权作为或不作为引起的人身伤亡或财产损失，受害方为此而提起的金钱损害赔偿诉讼，该外国也不享有豁免权。

---

① 《中华人民共和国传染病防治法》第三十八条规定：
　　国家建立传染病疫情信息公布制度。
　　国务院卫生行政部门定期公布全国传染病疫情信息。省、自治区、直辖市人民政府卫生行政部门定期公布本行政区域的传染病疫情信息。
　　传染病暴发、流行时，国务院卫生行政部门负责向社会公布传染病疫情信息，并可以授权省、自治区、直辖市人民政府卫生行政部门向社会公布本行政区域的传染病疫情信息。
　　公布传染病疫情信息应当及时、准确。

需要指出，非商业侵权行为例外的适用有领土要求，即其针对的是发生在美国的侵权行为。对于如何判定侵权行为是否发生在美国，联邦第九巡回法院曾在1984年的判例中认为，无须整个侵权行为都发生在美国。[1] 不过，联邦最高法院于1989年在判例中指出，非商业侵权行为例外只适用于发生在美国管辖之下的所有领土和水域、大陆或岛屿的侵权行为。[2] 此后，包括联邦第二巡回法院、第六巡回法院、特区巡回法院在内的联邦法院更加明确地阐明了"完整侵权"规则，即只有当侵权行为和损害结果同时发生在美国时，美国法院才对案件具有管辖权。[3] 就美国新冠疫情诉讼而言，大部分原告援引《外国主权豁免法》第1605条（a）款（5）项的非商业侵权豁免例外，并提出应排除"自由裁量行为例外"的适用，理由是被告的行为明显违背人道原则，亦被中国国内法律法规所禁止。[4] 然而，从《外国主权豁免法》非商业侵权例外的条款和已积累的判例来看，原告主张获得法官支持的可能性微乎其微。

原告所指称的被告关于新冠疫情的作为或不作为均排他性地发生在中国境内，不符合《外国主权豁免法》关于非商业侵权豁免例外的领土要求规定，特别是与美国判例法确定的"完整侵权"规则相冲突。

综上所述，美国新冠疫情诉讼的原告援引非商业侵权豁免例外要求美国法院行使管辖权，并不符合《外国主权豁免法》关于该项例外的制度规定和相关判例法。

恐怖主义例外最早于1996年修法时加入，体现在《外国主权豁免法》

[1]　Olsen ex rel. Sheldon v. Government of Mexico, 729 F. 2d 641 (9th Cir. 1984).

[2]　Argentine Republic v. Amerada Hess Shipping Corp., 441 U.S. 428, 434 (1989).

[3]　O'Bryan v.Holy See,556 F.3d 361,381(6th Cir. 2009);Cabiri v.Government of Ghana,165 F.3d193 (2d Cir. 1999).

[4]　Amanda Bronstad. Class Action Filed Against China for COVID-19 Outbreak[N]. Daily Business Review, 2020-03-13 (18,19).

第1605条（a）款（7）项。① 随后，该豁免例外在针对伊朗和古巴的诉讼中被援引，并逐步扩展至被告为利比亚、伊拉克、朝鲜、苏丹和叙利亚的诉讼。② 在这些案例中，恐怖主义例外条款的适用出现一些新问题，③ 为此，美国国会在2008年对其进行修订，将之规定在《外国主权豁免法》第1605条（a）款中。④ 这次修改的主要原因是美国法院认为之前第1605条（a）款（7）项规定的恐怖主义例外不能为恐怖主义的受害者提供对抗外国的独立诉权。⑤ 2016年，国会再次对恐怖主义例外进行修订，增加了第1605条（b）款，旨在解决类似"9·11事件"这类发生美国境内的恐怖主义行为。⑥

依据《外国主权豁免法》第1605条（a）款，对当前或曾经资助恐怖主义的国家提出的因特定恐怖主义行为造成的死亡或人身伤害提起的金钱损害赔偿，美国法院可以行使管辖权。原告须证明同时满足以下三项条件：第一，在行为发生或损害结果发生时，该外国国家已被美国认定为"资助恐怖主义的国家"；第二，对于在外国发生的涉诉行为，原告已经给予该国合理的机会将该诉求提交仲裁解决，此为"穷尽救济要件"；第三，原告对因酷刑、法外处决、蓄意破坏航空器、劫持人质的行为造成的死亡或人身伤害，或外国官员、雇员或代理人在职权范围内、雇佣范围或代理范围内对上述行为提供实质性帮助或资源，而对外国国家提起金钱损害赔偿。⑦

---

① Anti-Terrorism and Effective Death Penalty Act of 1996, Pub. L. No. 104-132, § 221, 110 Stat. 12241 (1996) [codified at 28 U.S.C. § 1605(a)(7)].

② David P. Stewart. The Foreign Sovereign Immunities Act: A Guide for Judges[M]. 2nd ed. Federal Judicial Center (2018): 97.

③ 王蕾凡. 美国国家豁免法中"恐怖主义例外"的立法及司法实践评析 [J]. 环球法律评论，2017(1)：168.

④ National Defense Authorization Act for Fiscal Year 2008, Pub. L. No. 110-181, Div. A, § 1083 (2008), 122 Stat. 338, 338-44 (NDAA) (codified at 28 U.S.C. § 1605A).

⑤ [美] 巴里·E. 卡特，艾伦·S. 韦纳. 国际法 [M]. 冯洁菡译. 北京：商务印书馆，2015：79.

⑥ Justice Against Sponsors of Terrorism Act (JASTA), Pub. L. No. 114-222 § 3(a), Sept. 28, 2016, 130 Stat. 853 (codified at 28 U.S.C. § 1605B).

⑦ Foreign Sovereign Immunities Act (FSIA) of 1976, 28 U.S.C. §§1605(A)(a).

依据2016年修订的《外国主权豁免法》，该第1605条（b）款增加一项在美国境内的恐怖主义例外，依之，针对外国国家提起的死亡或人身伤害的金钱损害赔偿，如果由在美国发生的国际恐怖主义行为造成，则该外国不在美国法院享有豁免权。显而易见，该款的增加是因为"9·11事件"以后，美国国会认为外国政府在美国境内实施恐怖主义的现实可能性不断增加，故须对恐怖主义豁免例外进行拓展。

依据《外国主权豁免法》，对以国家本身为被告的民事诉讼，美国法院不能施加惩罚性赔偿，但该法第1605条（a）款规定，对于恐怖主义例外的赔偿，对外国国家及其官员、雇员或代理人提出的金钱损害赔偿可以包括"经济损失、抚恤金、身体及精神创伤赔偿以及惩罚性赔偿"。[①]

回到美国新冠疫情诉讼，在少数诉讼中，原告除主张中国须对新冠疫情在美国大面积暴发承担侵权责任外，主要以新冠病毒为中国政府及军方制造的生物武器为由，要求美国法院适用恐怖主义行为例外对本案行使管辖权，并对被告作出惩罚性赔偿。[②]

关于新冠病毒是否为人造病毒的科学问题，连美国科学家都排除了人造新冠病毒的可能性。事实上，法院也无法适用《外国主权豁免法》的恐怖主义豁免例外。

首先，原告的主张不符合第1605条（a）款规定恐怖主义例外的所有3项条件。（1）在新冠疫情期间，仅有朝鲜、伊朗、苏丹和叙利亚四国被美国国务院明确指定为资助恐怖主义的国家，[③]中国不在该名单之中。（2）原

---

① See Akins v. Islamic Republic of Iran, No. 17−675 (BAH), 2018 WL 4308584, at 20 (D.D.C. Sept. 10, 2018); Roth v. Islamic Republic of Iran, 78 F. Supp. 3d 379, 399 (D.D.C. 2015) [citing Oveissi v. Islamic Republic of Iran, 879 F. Supp. 2d 44, 54 (D.D.C. 2012)].

② Buzz Photo et al v. People's Republic of China et al, U.S. District Court for the Northern District for Texas, Case 3:20−cv−00656−K, Document 1, Filed 03/17/20[R]:41−44.

③ State Sponsors of Terrorism[EB/OL]. [2020−04−30]. https://www.state.gov/state−sponsors−of−terrorism/.

告直接在美国法院起诉中国，显然未满足"穷尽救济要件"。（3）原告指称的中国进行的恐怖主义行为也不属于"酷刑、司法外杀害、蓄意破坏航空器及劫持人质"中的任何一种。其次，原告的主张也不符合第1605条（b）款规定的恐怖主义例外。诉状中列出的所谓中国政府进行的"恐怖主义行为"没有一项发生在美国，它们排他性地发生在中国境内，故不属于"在美国发生的国际恐怖主义行为"。

综上可见，美国新冠疫情诉讼的原告援引恐怖主义例外，仅从法律上看，就是站不住脚的主张。

在美国法院起诉，要求中国为新冠疫情承担赔偿责任是典型的滥诉。原国务委员兼外长王毅指出：针对中国的这些"滥诉"，无事实基础、无法律依据、无国际先例，是彻头彻尾的"三无产品"。对受害者鼓噪所谓"追责索赔"，为滥诉者伪造各种所谓"证据"，是对国际法治的践踏，也是对人类良知的背弃，于实不符、于理不通、于法不容。今天的中国已不是百年前的中国，今天的世界也不是百年前的世界，如果想借滥诉侵犯中国的主权和尊严，敲诈中国人民的辛勤劳动成果，恐怕是白日做梦，必将自取其辱。[①]

当然，通过今天的学习，我们也发现，尽管美国政府在疫情防控过程中表现拙劣，特朗普甚至一度将新冠病毒称为"中国病毒"，以此抹黑中国，企图将新冠疫情造成损失的责任转嫁给中国，但受制于中国采取的"绝对豁免"立场，我国公民、组织在人民法院起诉美国政府却无法可依，这凸显我国的国家豁免法律制度亟待改革。

当代大国的博弈和斗争，通常是通过"法律战"的方式展现的。2020年11月，习近平总书记在中央全面依法治国工作会议中强调，要坚持统筹推进国内法治和涉外法治。要加快涉外法治工作战略布局，协调推进国内

---

① 王毅在十三届全国人大三次会议举行的视频记者会上就中国外交政策和对外关系回答中外记者提问 [N]. 人民日报，2020-05-25（05）.

治理和国际治理，更好维护国家主权、安全、发展利益。要强化法治思维，运用法治方式，有效应对挑战、防范风险，综合利用立法、执法、司法等手段开展斗争，坚决维护国家主权、尊严和核心利益。要推动全球治理变革，推动构建人类命运共同体。① 因此，涉外法治建设和涉外法治人才对于当代中国具有重要意义。大家今天在课堂上学好国际私法知识，把自己打造成高素质的涉外法治人才，明天也必然大有用武之地。

---

① 坚定不移走中国特色社会主义法治道路 为全面建设社会主义现代化国家提供有力法治保障 [N].
　人民日报，2020-11-18（04）.

第8讲

太极拳理论概述 ①

武冬　北京体育大学

引言

　　现在，太极拳已经走向世界，从总统夫人到平民百姓，从地球到天宫，从巨富大国到赤贫小国，不同国家地区、不同肤色民族、不同文化背景的人们都喜欢太极拳，太极拳吸引了越来越多的目光。

▶ **主讲人介绍**

　　武冬，博士，教授，博士生导师，北京市教学名师，留学日本体育大学，国家级裁判，体育总局"百人计划"培养对象。曾获北京市教学基本

---

① 授课教材：武冬. 太极拳教学与训练英汉双语教程 [M]. 北京：北京体育大学出版社，2009.
　　授课章节：第一章　太极拳概述，第一节　太极拳基础知识。

功 A 组二等奖，北京体育大学教学基本功比赛冠军、最佳教学演示奖、科技新人奖，所授课程曾获北京高校"优质本科课程"、校级"本科课程思政示范课程"、"教学观摩月"开放示范课、校级精品课，在北京体育大学"四有"好老师和"四个引路人"专题教育活动中被评为"学习标兵"。

　　太极拳是什么？是"老年拳""像摸鱼""东方慢芭蕾"，还是"哲学拳""内家拳""文化拳"？太极拳是为了适应"王孙贵族身体孱弱才变慢的"吗？太极拳有"300年历史"，太极拳"真的能打吗"？尽管太极拳非常普及，但是为什么习练太极拳的年轻人似乎并不多？太极拳的历史扑朔迷离，内涵深邃奥秘，运动独特别致。那么，究竟什么是太极拳呢？本讲引领大家用身体感知太极拳的魅力，用心领悟太极拳的精髓。

　　关于太极拳的起源与创始人，众说纷纭，目前大致有9种观点：老子、梁朝的程灵洗、唐朝的许宣平、唐朝的李道子、唐朝的胡镜子、张三丰、陈王庭、陈卜、不知何人所创。

　　其中，以张三丰和陈王庭创拳说争论最大。历史上有关张三丰的传说最多，争论也最大，诸多人称其为太极拳鼻祖。陈王庭创拳说一度成为权威说法，主要源于武术考证家唐豪所言，唐豪实地考察了陈家沟，主要依据陈王庭的遗诗："叹当年，披坚执锐，扫荡群氛，几次颠险，蒙恩赐，往徒然。到而今，年老残喘，只落得黄庭一卷随身伴，闲来造拳，忙来时耕田。趁余闲，教下弟子儿孙，成龙成虎任方便。"近年来不断有人反对此观点，并提出一些证据，如有人认为"闷来时造拳"的造，并不是创造之造，而是造访之造，所以实际是闷来时去造访拳，陈王廷创拳之说当休矣。

　　关于太极拳起源问题，近年来大致可以归纳为两类观点：一类认为太极拳是陈王庭所创，发源于陈家沟；一类认为在此之前早有太极拳，大约从南朝韩拱月、程灵洗开始，经唐朝时许宣平、李道子，宋时程珌，元时张三丰，明清王宗岳、蒋发，清中叶陈长兴发展起来。目前，我们还很难断定究竟是何人何时创造了太极拳，但是可以肯定的是，太极拳绝非一蹴而就，必然有一个萌生、发展、壮大、成型的过程，是经过数代人的努力形成的，这也说明了太极拳源远流长，博大精深。

《太极拳研究》一书说"距今300年"，李亦畬（1832—1892）在《王宗岳太极拳谱跋》（1881年）写道："此谱得于舞阳县盐店。"咸丰二年（1852年）武禹襄在其兄武澄清所任知县处得《太极拳谱》和《打手歌》，可以说，最早出现"太极拳"一词当在1852年。实际文字明确记载太极拳距今169年。现有文献，还难以确定更为公认的太极拳"鼻祖"，从真正文献记载出现"太极拳"三个字计算，太极拳似乎年龄并不大，但是，早在战国时期《庄子》和《易传》就记载了"太极思想"，所以有人说，千年的太极，百年的哲拳。

距今300年的戚继光所著《纪效新书》中的"32势拳法"与当今太极拳的拳势关系极为密切，传统太极套路的第一个动作就是"懒扎衣"，正如书中记载"懒扎衣出门架子，变下势霎步单鞭。对敌若无胆向先，空自眼明手便"。从现存图文对照不难发现太极拳与32势拳法之间的关系。这一动作，充分显示了一种太极拳"不卑不亢"的精神，一种单手应对攻击的智慧和勇敢。

太极拳是在中华传统文化滋润下，一代代先辈在腥风血雨的抗辱御敌中，用生命与智慧创造的人类文化瑰宝，在未来必将会发挥出越来越大的价值。

太极图背后是一种中国人认识世界的方法论，其中核心要义是揭示事物内在结构与属性的关系。

应用直观象形思维，可以从太极图与太极拳的类比中直观理解太极拳的含义。太极拳的外在身形的圆形，步法的S形，看不见"穴位"的八字绕转，动作的轨迹就是太极图的形态。透过现象的背后是更深层的太极图所表达的"属性"与"结构"耦合的原理，即是太极拳在"心"的指挥下身体关节角度保持适度的角度与肌肉双向用力形成的"非圆即弧"的结构产生的"支撑八面"的稳定结构。通过肌肉收缩与舒张的有序配合产生力度、力点、力向的变化正是"相对属性的相济"，有效自然的转换是"相对属性的协调互变"，最终产生"整体""平衡"状态的做功。

太极拳拳势的内在结构是一种"方圆相间""内方外圆""弹拱结构"，例如，野马分鬃的结构受到压力会沿着弓弧分散，卸掉压力，保持最大限度的稳定。

太极拳拳谱言"一身备五弓"。五弓，即身躯、两手、两足。五弓以身弓为主，手弓、足弓为辅。五弓合一，则全身内外劲整。太极拳理论中，把劲力的蓄发比喻为"蓄劲如张弓、发劲如放箭"。

人类依靠骨骼和肌肉长时间维持人体姿态，肌张力持续工作，容易出现肌肉萎缩和肌腱僵化等问题。太极拳以身心平衡整体运动为宗旨，不做过度牵拉肌肉，放低身架，降低重心，肢体对向用力，柔和缓慢中舒展筋骨，追求内在意识与外在肢体运动统一，上肢与下肢相系相随，人体肌肉松紧与重心移动一致，练习意识、呼吸、形体协同，回归人的自然状态，与大地融为共同体，合乎人体生理的自然节律，做到身心与外界的平衡。

太极拳是基于阴阳哲理，以十三势（八法五步）为技术要素的武术拳种。

从逻辑一贯性、技术实践、比类思维三个维度来看，太极拳的十三势如下。

掤劲，由内向外用力为掤劲。掤是在关节角度、肌肉用力、意识贯注协同作用下形成的身体间架（太极拳身形），从而产生一种由身体中心向四肢发散，支撑八面的身体张力，像充满气的气球受到压力而产生的弹力，又似手按水中浮漂的反作用力，传统拳论又解释为"如水负舟""全身弹簧力"。掤是太极拳劲法总纲，其他劲法皆以此为基础。

捋劲，由外向内弧形用力为捋。在掤劲基础上，当受到攻击力时，顺其力向通过旋转改变力点和力向，由外向内变化的劲力。形象比喻如车轴左右旋转作用，又似以手按压转动的车轮，沿切线滑出。

挤劲，相向合力为挤。挤是在掤劲基础上，合力向某一点运劲穿透的劲力。如同生活中两手指合力挤牙膏，又像压面机挤压面条。

按劲，由上向下近似垂直用力为按。按在掤劲基础上，周身合力压迫封阻对方攻击力。有"刚在他力之前"打"闷劲"的意味，不是蛮力对顶，常常是由上向下，向前折叠按击，犹如大海波浪拍打之势。

采劲，合力抓握同时向下用力为采。采在掤劲基础上，由上、外向内、下回收顿挫的劲力。力度像采果摘桃，实际采摘时，我们都会选择时机和成熟的果子采摘，其实拳术同理，判断对方力点所在，向其虚处采引，令其失去平衡。

挒劲，反向用力撕开之力为挒。挒在掤劲基础上，顺对方攻击力向顺引而复折使对方旋转失去平衡。生活中像脚踩西瓜皮滑而略反应似乎想维持平衡结果还是摔倒的感觉。

肘（撅）劲，通常解释为肘击，事实上不合逻辑，因此，应取"撅"，由下向上掀起之力为肘（撅）。字典意思是"从一侧或一端托起重物"，生活中指当人非常气愤时，将桌子等物体掀翻。从太极拳八法分析，有以由下向上为主的掤劲，有以由外向内为主的捋劲，有由上向下为主的按劲，有由内向外为主的挤劲，有由上向斜下为主的采劲，有由斜上到斜下顺向用力而复逆向用劲的挒劲，有以平行向下或上的靠劲，唯独缺少由下向上的劲，因此，肘可能是北方人说的撅，其含义是由下向斜上方的一种旋转力，恰似把人体比作桌子，而将人掀翻抛出。

靠劲，身体整体移动的冲撞力为靠。靠是在掤劲基础上，身体整体合力的撞击。最常见为肩靠，有前肩靠、后肩靠之分，被靠的感觉就像被小车撞击一样。

进步，向前、向上移动，从外面到里面为进。进在太极拳中主要指步法，有上步、进步。上步是两脚平行站立的情况下，一脚向前位移或两脚前后位站立时后脚越过前脚向前位移；进步是两脚前后位站立时，前脚向前位移。与五行火相对应。

退步，向后移动，离去，脱落为退。退在太极拳步法中脚步向后移动，称退步或撤步。退步是两脚平行站立的情况下，一脚向后位移或两脚前后位站立时前脚越过后脚向后位移；撤步是两脚前后位站立时后脚向后位移，退步和撤步一般配合运用于防守动作。与五行水相对应。退就是在对方正面攻来时，向后退步或重心后移以引敌进而落空，使其攻势失效而处于被动地位的技法。

左顾，向左回头看为顾。在太极拳步法中左脚向左侧位移为左行步。与五行木相对应。左顾就是在遇对方攻来时避开正面而由左侧绕进，以避实击虚克敌制胜的技法。

右盼，向右看为盼。在太极拳步法中右脚向右侧位移叫右行步。与五行金相对应。左右对称，左表示绕进，右表示撤退。右盼是遇强攻时，右转后退使其攻势失效。

中定，一定范围内适中的位置和四方等距离的地位为中。站立中央不移动为中定。在太极拳中则为以静制动、固守原地之意，保持身体居中心位置。与五行土相对应。中定也是太极拳中不动的步法。意想丹田（重心）下沉降低重心保持稳固，是练拳架、推手和技击时一种相对稳定的状态。

太极拳有一种回归人类理性的文明训练和竞技形式——推手。太极拳推手是以太极拳的劲法（掤、捋、挤、按、采、挒、肘、靠）为核心，以拳势为载体，以柔克刚为理念，以听、问、引、化、拿、发为程序，以肢体沾连黏随为形式，用以体认太极拳体用兼备，由术入道的训练形式。

太极拳是中华传统文化的精品，我们要深刻认识太极拳"圆""慢""整"的内涵，体悟太极拳的思想。我们相信，如果人们能够真正认识太极拳，那么不分年龄、性别、种族，每个人都适合练习也都会爱上太极拳及其内涵。我的亲身经历也证实了这一点。

太极拳尚和合，太极拳是至武乃文拳，太极拳是生命情感体验，太极拳是恪守立身中正的品格。太极拳是拳，更具有和谐大同的精神。

"每日细玩太极图，日久自能闻真香。"让我们成为中华传统文化的传播者，以太极拳为媒介，向世界讲好中国故事！

第二章

探寻理工医课堂里的
思政之钥

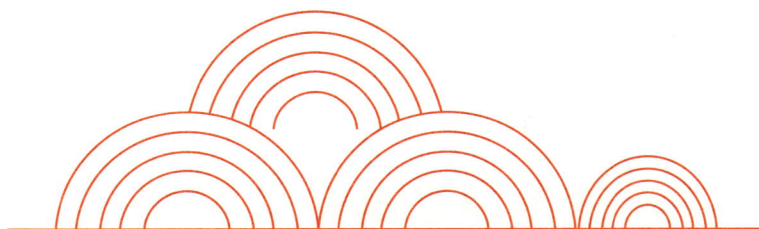

第9讲

疫情下的中医药智慧

——温病学导论 [①]

谷晓红　北京中医药大学

引言

　　中医是中国古代医师留给后人乃至留给世界的宝贵财富。在中国方案中，中西医结合治疗是中国应对疫情的宝贵经验之一。2020年初，新冠疫情袭击了中国，以中医药为代表的传统医学，在新的时代背景下萌生了新的活力。北京中医药大学组织援鄂医疗队驰援武汉，为抗击新冠疫情作出重要贡献。

---

① 　授课教材：谷晓红，冯全生. 温病学 [M]. 北京：人民卫生出版社，2020.
　　授课章节：第一章　绪论。

▼ 主讲人介绍

谷晓红，北京中医药大学中医学院温病教研室教授、主任医师。毕业于北京中医药大学中医学专业，是国家级重点学科中医临床基础学科的温病学学术带头人。担任国家级温病学本科教材和研究生教材主编，主讲本科生、研究生温病学课程，曾获评卫生部国家中医药管理局德育先进个人、北京市优秀育人团队带头人、北京市优秀青年教师，荣获国家教学成果二等奖2项、北京市高等教育教学成果一等奖多项。疫情期间，发挥中医药专业优势，积极传播中医药抗疫贡献，在中国教育电视台《师说》栏目讲授"战'疫'，最前沿的中医药力量"思政公开课，为全校师生主讲《使命在肩、奋斗有我》思政融课，得到社会与学校师生的广泛认可。

本讲为温病学导论课，让我们一起走进中医药的学术殿堂，领略中医药智慧。

2020年起，新型冠状病毒在全球迅速传播，给全世界人民的身体健康和生命财产安全带来巨大的威胁和挑战。

那么新型冠状病毒引发的疾病属于中医的哪一类呢？它属于疫病，是疫病中的温疫，是由疫疠病邪所引起的，具有强烈传染性和广泛流行性的一类急性外感热病。今天学习的温病学的研究对象是温病。温病是由温邪引起的，以发热为主证，病证性质属温热或湿热的一类外感急性热病。

疫病和温病是什么关系呢？

大多数的疫病都属于温病，也是温疫的一个重要组成部分。温病学正是防治疫病的一把利刃。

什么是温病学？温病学就是研究温病的发生、发展、诊断、辨证以及预防治疗方法的一门学科。温病的范畴是比较广的，传染性比较强的一类叫温疫。那么除了温疫之外，温病还包括一些传染性弱或者非传染性疾病，比如说感冒、化脓性扁桃体炎、中暑、小儿夏季热等。

一、温病学的"前世"——中医药抗疫的历史与发展

在中医药发展体系中，温病学是有悠久历史的，形成了比较完备的学术体系。要想学好这门课，我们得从它的"前世"说起。因为温病学的前世也是中医药抗疫的历史。

甲骨文中就有"疾年"的记述。在《黄帝内经·素问》当中，就有"五疫之至，皆相染易，无论大小，病状相似"的记载。这是首部记载疫病内容的中医学典籍，并认为疫病有非常相似的临床表现，具有传染性。

在东汉末年，《伤寒论·伤寒例》记载了"疫气"，认为"非其时而有其气"，可以导致疫病，明确疫病有季节流行、症状相似等特点。

晋朝葛洪的《肘后备急方》中最早记载了对天花、沙虱病的认识，早于西方近1700年，并且记载了最早的预防与治疗疫病的专方，包括利用青蒿绞取汁治疗疟疾。屠呦呦正是从中医药经典著作中得到启发研制出青蒿素，并获得诺贝尔医学奖。从理论上说，这个灵感来自中医药的智慧。

两宋时期，已经逐渐建立起传统医药卫生防治制度，比如集中隔离的古代"方舱医院"等。那时医学家收集的防治疫病方剂已有上千种，推广成药在疫病防治中的应用提高了防治效率和防治效果。

明清时期，温病学进入鼎盛时期。温疫学的理论辨证论治体系也不断完善。传染病学家、温疫学家吴又可编写了第一部疫病学专著《温疫论》，他写道"夫温疫之为病，非风、非寒、非暑、非湿，乃天地间别有一种异气所感"，也就是说有一种特异性致病因素。接着他又写道："邪之所着，有天受，有传染。""天受"现在就是呼吸道传染和消化道传染，"有传染"是指的皮肤的、黏膜的一种接触传染。这和我们现代医学的认识是一致的。

在温病学的发展过程中，中国人积累了丰富的抗疫经验。综合《中国疫病史鉴》《中国古代疫情年表》《中国救荒史》与各断代瘟疫史的统计，

自周朝至清末，中国发生过300余次大型疫情，但从未出现过死亡人数超千万的重大疫情。在国际历史上，有许多一次大疫死亡2000多万人口的事件，比如公元6世纪，东罗马帝国查士丁尼大瘟疫，死亡2500余万人；公元14世纪，欧洲黑死病发生时期，死亡人数也超过2500万人；公元1918年，欧洲流行性感冒，死亡人数超过2000万人。伟大的中医药学在中国历次瘟疫中发挥了保卫作用。2003年，国医大师邓铁涛总结说："相对于西方瘟疫流行数次造成2000万人以上死亡，中华大地传染病一次流行其死亡人数达1000万以上者未之有也！原因何在？是有伟大的中医药学在历次瘟疫流行中发挥保卫作用故也。"

二、温病学的"今生"——抗击新冠疫情

了解完"前世"，让我们来看温病学的"今生"。

2020年初，新冠疫情突如其来，发展十分迅速，人民群众的健康遭受前所未有的挑战！1月23日，党中央、国务院决定"武汉封城"，武汉告急、湖北告急！3万多名医护人员奔赴湖北一线，一场没有硝烟的"战疫"——与新冠病毒进行殊死对决！其中就有我的同事们——北京中医药大学国家中医援鄂医疗队！

当组建援鄂医疗队的消息传来时，我们附属医院的医护人员积极踊跃报名。一封封摁着红手印的请战书送到领导面前，大家争着陈述自己上前线的理由。

东方医院已经退休的老党员、我的老师刘大新教授在请战书中写道："我在临床经常治疗病毒感染、发热患者，有丰富的临证经验，在这里我就不谦虚了。我坚决申请到一线为患者治疗。我已退休，无牵无挂，不像年轻人上有老下有小。"言外之意，即使我上前线牺牲了，我的家庭的代价也是最小的。

60后、70后中年医护人员们的理由更充分："我们当年是经历过'非典'

考验的。这一次我们更有经验，更有信心，上前线非我们莫属！"

年轻的80后、90后医生护士们则集体向领导请战，他们说："17年前抗击'非典'的时候，我们是被保护、被照顾的人。现在我们长大了，该我们上了，我们要像前辈们一样走向战场！"

他们说得最多的一句话是：国有难、召必至、战必胜！在疫情面前，所有的医护人员就是白衣战士！

年轻一辈像前辈们一样挺起胸膛迎接战斗。但是只有勇气是不够的，我们还要做好准备，要有真本领！我们的医疗队在大年初三赶赴武汉，刚到武汉一线时面临许多困难，设备不齐全，防护服不足，但是他们毅然和对接医院说："请把疑似病人送出去，我们北京中医药大学的医护人员要在最艰苦的病房，我们要收确诊的病人，重症的，甚至是危重症的。"医疗队的老师就是在这样的条件下开展工作的。

面对疫情，我们首先要掌握温病学的辨证思维和体系，只有辨识新冠、了解新冠，才能打败新冠。我们要坚持西为中用、以中为主、综合诊断、包容协同，以中医辨证思维为主体，同时结合现代化的诊断技术。血尿便常规、CT胸片等，这些现代科学检测手段是望诊的延伸。

在危重症病房，医生充分运用五运六气和三部九候。手腕不能切脉，就到脚上去摸动脉，同时结合西医指标，进行分析辨证，真正实现了辨病和辨证的结合。医疗队的老师们作出榜样，我们也要这样学习。

温病学辨治理论的核心体系是治疗外感病的智慧所在。卫气营血理论和三焦理论就是实现中医辨证论治的法宝，也是《温病学》的理论核心。温病的辨治体系万变不离其宗，病毒在变，辨证是最高宗旨，掌握温病学必须在此下功夫，学精学透、学成专家！

辨病性、辨病位、辨病期、辨病理、辨病势，这些都是治疗外感病的中医智慧。此外，我们还要学会温病学辨治思路当中，同一种疾病由于体质不同或各种基础性疾病所带来的不同的症态，需要精准地辨证，个体化地进行施治。这些内容后续要给大家具体讲授。

通过辨病和辨证论治，我们进行对比，同一种疾病的病人，会用到不同的治疗方案。因此，在新冠病房里可以看到，母亲一个处方，而女儿是另外一个处方。因为母亲有糖尿病，所以她们的症态是不一样的。相同的疾病，不同的病症要用不同的处方，我们以诊治方案为基础，但不唯方案是从。"一人一方"，因时、因地、因人，三因辨证，中医治疗是非常精准的。当然，不同的疾病如果有同样的病机，则会使用相同的治法，这叫异病同治。

辨证施治是一种全方位的治疗。病房中，老师们全方位地辨证施药。常用的温病方剂有：银翘散、甘露消毒丹、麻杏甘石汤、达原饮、千金苇茎汤、升降散、生脉散、增液汤、承气汤等。除此之外，还可以辨证施术，使用针灸、耳穴、艾灸、放血、健身功法、情神支持等方法，通过多种方法取得更好的综合疗效。

中医药既有治疗，也有病后康复。中医药治疗讲究"未病先防，既病防变"，关注疾病的预防、治疗及康复的全过程，是一整套干预系统，包括内服中药、外用香囊、口鼻喷剂、健身功法等一系列措施，内外兼修，以实现"扶正气、避邪气"。

这次新冠疫情是对中医药的一次实战演练，是挑战也是机遇。《新型冠状病毒肺炎诊疗方案》（第三版至第八版）纳入中医治疗方案；中医参与救治90%以上的病人；缩短治愈时间，住院时间平均缩短3天；在预防、改善症状、减少转重症、促进康复等方面成效明显。中医药在重大疫病防治中的优势再次被世界关注，大家对中医药的认同度显著提升。习近平总书记指出，中西医结合、中西药并用，是这次疫情防控的一大特点，也是中医药传承精华、守正创新的生动实践。

我国用一个多月的时间初步遏制疫情蔓延势头，用三个月左右的时间取得武汉保卫战、湖北保卫战决定性成果，这份成绩单是令世界瞩目的。事实证明中西医结合方案是最佳方案，中西医协同疗效是最好的疗效。新冠疫情是世界大考、世纪大考！本次抗疫不仅考验我国医疗资源和救治能力，而且考验国家治理体系和治理能力，它还是不同文化、不同价值观比拼的战场。

抗疫斗争伟大实践再次证明，中国共产党是中国人民最可靠的主心骨；中国人民不屈不挠的意志力是战胜一切艰难险阻的力量源泉；中国特色社会主义制度是抵御风险挑战、提高国家治理效能的根本保证；新中国成立以来所积累的坚实国力，是从容应对惊涛骇浪的深厚底气。

青年学子们，中医药事业的未来属于你们，温病学的殿堂等待你们去探索。坚定文化自信、中医药自信，以社会主义建设者和接班人的使命担当，传承精华，守正创新，"为中华之崛起而读书"！

第10讲

气胸 ①

钱坤　首都医科大学第一临床医学院宣武医院胸外科

引言

　　气胸（pneumothorax）是指气体进入胸膜腔，造成积气状态，多因肺部疾病或外力影响使肺组织和脏层胸膜破裂，或靠近肺表面的细微气肿泡破裂，肺和支气管内空气逸入胸膜腔，严重者可能死亡。学习该疾病的基本知识和救治方法，是每一位胸外科医学生必须掌握的内容。

▶ 主讲人介绍

　　钱坤，首都医科大学第一临床医学院宣武医院胸外科副主任医师、讲师。2006年毕业于首都医科大学临床医学专业，在宣武医院胸外科从事临床、科

---

① 授课教材：陈孝平，汪建平，赵继宗. 外科学 [M]. 北京：人民卫生出版社，2018.
　　授课章节：第二十四章　胸部损伤，第三节　气胸。

研和教学工作，为首都医科大学本科生和国际学院留学生讲授外科学的胸外科章节，内容涉及胸部损伤、肺部疾病和食管疾病等，并承担多项首都医科大学教学课题。曾获北京高校第十一届青年教师教学基本功大赛医科类一等奖、最佳现场表现奖和最佳回顾奖，首都医科大学青年教学奖，宣武医院优秀教师等多个奖项；兼任胸外科病区主任、科主任助理；致力于开展胸外科微创手术与肿瘤的综合治疗，年手术量近400台；擅长临床教学查房和外科技能培训工作。将一线外科临床工作与大学教学工作紧密连接，秉承"立德树人"的教学理念，培养了一批新时代的外科医学生。

　　一年前，一位叫姗姗的姑娘被急救车送到宣武医院，而她所患的疾病就是本讲的胸外科急症之一——气胸，更特殊的是，姗姗还是一名怀孕24周的孕妇。

　　我们会怎么救治这名患者呢？请大家先从基础知识入手。

　　在人的生长发育过程中，胸廓的发育比肺快，因此胸廓的容积大于肺的体积，在肺和胸壁之间形成了一个闭合的不含气的腔隙，叫作胸膜腔。胸膜腔压力低于大气压，这样可以维持肺的扩张状态，一旦由于各种原因有气体出现在腔内，负压随即消失，便形成气胸。因此，胸膜腔内积气就是气胸，英文是 pneumothorax。

　　根据气胸的病因，气胸分为创伤性气胸和自发性气胸。由于各种外界致伤因素导致的气胸叫作创伤性气胸，常见的损伤因素如胸壁被锐器伤或火器伤穿通，或者肋骨骨折刺破肺组织导致漏气。

　　只要胸壁完整性受到破坏，胸膜腔与外界相通，气体就可以沿胸膜内外压力差进入胸膜腔导致气胸。与创伤性气胸相对应，由于机体自身疾病引起的非外伤性气胸叫作自发性气胸。自发性气胸是临床上最常见的一类气胸。下面我们就来重点学习这一疾病。

　　最多见的自身疾病是肺部疾病使肺组织破裂或靠近肺表面的肺大疱、

细微气肿泡自行破裂，食管破裂等原因相对较少。两个"疱（泡）"字不一样，我们把直径1厘米以上的含气囊腔叫作肺大疱，1厘米以下的就是小泡。

鲁迅先生，生于1881年，去世时只有55岁，据说鲁迅先生发病被送进医院后很快就去世了，世间对鲁迅的去世原因有很多猜测。1984年，上海市第一结核病医院邀请著名专家共同研究鲁迅先生去世前不久拍的胸片，判断鲁迅患有右侧肺结核，左侧肺大疱、肺气肿，左侧肺大疱破裂造成气胸很可能是他去世的直接病因。可见气胸作为胸科的急症是危及生命的，尤其在旧社会，医疗水平落后，即使是鲁迅这样的大文豪也难逃厄运。

1949年我国人口平均预期寿命只有35岁，而到了2019年已达到77.3岁，新中国成立70年的时间人口平均预期寿命翻了一番，这说明在中国共产党的领导下，国家的卫生健康水平得到显著改善。

气胸是如何夺走鲁迅生命的呢？今天姗姗的病情更加复杂，她的结果怎么样呢？

当气胸一开始，少量气体进入胸膜腔，仅仅表现为患侧肺被压缩，呼吸面积减少，患者轻度胸闷，随着气胸量的增加，整个患侧肺都被压缩，血氧明显下降，当气体继续增加时就会出现心脏大血管的推移，侧肺被挤压，严重者就会出现呼吸衰竭甚至休克。

当然，绝大部分自发性气胸的症状是比较轻微的，临床上仅仅表现为胸痛和胸闷，严重者才会出现呼吸困难甚至衰竭。

气胸的诊断中最简单和常用的方法是胸片，胸片上气胸线是诊断气胸的标志，气胸线以内是压缩的肺组织，以外是大片无肺纹理区。

除了胸片，CT也能诊断气胸，CT能够发现更加少量的气胸，还可以发现引起气胸的病因，如肺大疱和细微气肿泡，以及肺内其他病变。

尽管通过胸片就能很容易地诊断气胸，但一定不能过度依赖辅助检查而忽略临床基本功的训练，比如详细的病史询问和扎实的体格检查能力，如果在紧急条件下来不及或者没有条件做胸片，比如，在万米高空的飞机上或者飞驰的高铁上遇到气胸患者，我们必须依靠过硬的基本功在没有影像学辅助的条件下作出准确的判断。

对于自发性气胸的治疗，一般遵循以下治疗原则：肺压缩20%以下是少量气胸，治疗以休息观察、预防感染为主；中等量气胸采用胸穿抽气，胸穿后气体量如果再次增多，就行胸腔闭式引流术。

胸腔闭式引流术会使用引流瓶。胸腔闭式引流瓶由一根引流管和水封瓶组成，引流管一端插入患者胸膜腔，引流气体或者液体（胸腔积液），水封瓶的作用是既能排出气体、液体，又能防止气体逆流回胸腔。引流管的放置一般选取锁骨中线第二肋间或者腋中线第六或者第七肋间，这两个位置的选择需判断引流主要是液体还是气体。

气胸引流管应该放在第二肋间，如果胸腔积液积聚在胸腔下部，则放在六七肋间。对于肺压缩50%以上的气胸直接采用胸腔闭式引流，无论是胸腔穿刺还是闭式引流，主要作用都是引流胸膜腔内气体缓解症状。

但是对于体积大、漏气严重，反复破裂的肺大疱，以及经过胸腔闭式引流后超过4天仍持续漏气的患者，应积极考虑行手术切除肺大疱，由此才能从根本上根治气胸。

掌握了以上知识，如何帮助患者姗姗呢？

患者姗姗，女，30岁，左胸痛，憋气3天，怀孕24周＋，胸部 CT 显示，左侧气胸，左侧肺大疱，左上肺不张；左侧支气管陈旧黏膜结核；双肺陈旧性结核。

两年前和妊娠12周患左侧自发性气胸，行胸腔闭式引流术。13年前因肺结核及支气管黏膜结核药物治疗2年。生育史：怀孕3次，生产0次，2011年因"左侧输卵管妊娠"行开腹左侧输卵管切除术；2018年自然流产一次。

在胸腔闭式引流后，姗姗的胸闷症状立刻缓解了很多，我们希望她能像前两次气胸一样经过几天的闭式引流后肺大疱自行愈合而后出院。但是引流瓶的漏气越发严重，于是入院第10天我给她复查了胸片。

胸片显示，姗姗左侧肺被压缩的范围越来越大。姗姗的气胸下一步该怎么治疗？

临床上遇到的病例往往比书本上更复杂，宣武医院胸外科也没有处理过这样的病例。

遇到这样的难题，我们通常先查阅文献看看国内外有没有成功的经验。

检索的结果令我有些失望，近年来类似的病例报道凤毛麟角，原因是绝大多数这类病人都出于安全的考虑在孕早期终止了妊娠，等彻底医治好了气胸再准备怀孕。我们只好把这一结果告诉姗姗。

姗姗的回答令我们陷入了思考。对于姗姗和医生来说，终止妊娠是最安全的选择，但是她以后可能不能再要孩子了；如果选择手术，一旦手术出现意外，很可能对胎儿的发育造成严重的影响，而且孕妇用药有很多禁忌，手术要全麻，术后要镇痛，全麻药物、镇痛药会不会对胎儿的生产发育造成影响呢？我们决定召开多学科病例讨论会，举全院之力帮助姗姗。

来自麻醉科、妇产科、胸外科的专家们纷纷出谋划策，大家一致决定通过手术帮助姗姗和她腹中的胎儿。

2020年5月11日，这是姗姗手术的日子。在手术室门口，姗姗和她的爱人相拥，这一天也是她爱人30岁的生日。漏气的肺大疱被我们完整切除，姗姗顺利苏醒被推出手术室，当看到姗姗一家人相亲相爱的样子，我的心底被从医的幸福感满满地占据了。我们拯救的不仅是一个病人和一个未出生的小生命，更是一个家庭，这是我们送给他们最好的生日礼物！术后，姗姗左肺再一次复张，她再也不用为气胸恐惧了。两个月后，姗姗顺利地产下一名健康的小公主。过程很艰难，结果很美好。我再一次来到手术室迎接这个珍贵的小生命，这一声啼哭不但标志着一个新生命的诞生，更是对所有敬畏生命的医者最大的褒奖！

敬佑生命、救死扶伤、甘于奉献、大爱无疆。这16个字是习近平总书记对医务工作者职业精神的高度总结，也让我和在座的每一位同学身上都承载着一份沉甸甸的责任和光荣使命。在抗击新冠疫情的战场上，90后的医务人员喊出"非典时你们保护90后，这次换90后保护你们"的感人誓言。希望青年学子修医德，行仁术，怀救苦之心，做苍生大医。

第11讲

脂肪的分解代谢与减肥 [①]

王炳武　北京化工大学

> **引言**
>
> 　　当前社会上流行着各种减肥方法，哪种方法是正确的、科学的呢？本讲从生物化学的角度介绍脂肪在人体内进行分解代谢的内在机制，帮助大家深入理解脂肪的分解过程，并学会运用科学知识分析社会上各种减肥方法的优劣。

▶ 主讲人介绍

　　王炳武，毕业于北京化工大学生物工程专业，现为北京化工大学生命科学与技术学院副教授。多年来一直承担生物化学、生化反应工程与设备

[①]　授课教材：董晓燕. 生物化学（第2版）[M]. 北京：高等教育出版社，2015.
　　授课章节：第十章　脂质代谢，第二节　脂质的分解代谢。

等课程的教学工作，授课深入浅出，紧密联系最新科研进展，培养学生综合实践能力，将立德树人融入教学活动中，取得优异效果，获得"优秀青年主讲教师"称号，讲授的生物化学课程获得校"最美课堂"。积极参与本科教育教学和人才培养的改革创新工作，获得校"教学创新大赛"一等奖、课程思政示范课等荣誉，作为主要完成人获得优秀教育教学成果三项。

俗话说，每逢佳节胖三斤。经历一个漫长的假期，吃得好动得少，小肚腩不知不觉就出现了。所以人们常调侃，三月不减肥，四月徒伤悲。

一、肥胖对身体的影响

肥胖不仅影响我们的外观，而且会带来一系列疾病。据研究，肥胖人群患糖尿病、高血压、冠心病的概率比正常人群要高两到三倍，此外，肥胖还会诱发肿瘤、哮喘等疾病，严重影响身体健康。

2014年，我国男性肥胖人口数量约为4300万人，女性肥胖人口数量约为4600万人，均位居世界第一。到了2019年，我国肥胖人口数量达到2.5亿人。随着生活水平的提高和生活节奏的加快，膳食结构不合理、熬夜、缺乏运动等不健康的生活方式对人们产生明显影响，导致我国人口的肥胖率逐年增加。

我国肥胖人口数量的急剧增长及其带来的健康问题引起党和国家的高度重视。2016年习近平总书记在"全国卫生与健康大会"上强调，人们常把健康比作1，事业、家庭、名誉、财富等就是1后面的0，人生圆满全系于1的稳固。习近平总书记指出，要把人民健康放在优先发展的战略地位。党的十九大报告提出"健康中国"的概念，指出人民健康是民族昌盛和国家富强的重要标志。

2017年1月，习近平总书记在张家口市考察冬奥会准备情况时，再次提到"全民健康"的重要性，指出我国举办冬奥会的意义在于全民健康，全民健康是全面建成小康社会的题中应有之义。强身健体，就是要让人民群众生活过得更好。

肥胖会诱发一系列的疾病，影响健康。所以我们要想办法将体内多余的脂肪消耗掉。怎么消耗体内的脂肪呢？当前，社会上流行着许许多多的减肥方法，比如饥饿减肥法、生酮饮食减肥法等。有些人在减肥的时候，不吃主食，每天只摄入少量的水果或者果蔬汁，或者只吃一些低糖、高脂的生酮食品，饿上十天半个月就能明显瘦下来。这是因为人在长期饥饿的状态下，体内的脂肪会被大量分解用于提供能量。也有些人选择用运动的方法来减肥，比如每天跑跑步、周末爬爬山，通过有氧运动促使肌肉来分解体内的脂肪，也能达到减肥的目的。

那么，社会上流行的这些减肥方法哪种是正确的、科学的呢？下面，就从生物化学的角度介绍一下脂肪在人体内进行分解代谢的内在机理，让大家对脂肪的分解过程有深入的了解，并且学会运用科学知识去分析社会上各种减肥方法的优劣。

二、脂肪的分解代谢机制

脂肪又称为甘油三酯，是人体内储存能量的物质，主要存在于人的皮下和内脏器官周围，肥胖就是由于体内脂肪，尤其是皮下脂肪积累过多造成的。脂肪的分解代谢，首先涉及脂肪的水解，在脂肪酶的催化作用下，脂肪被水解成甘油和脂肪酸，甘油可以进入糖的代谢途径去氧化分解，另一种产物——脂肪酸是如何被氧化分解的呢？

（一）实验证据

1904年，德国科学家诺普（F.Knoop）利用苯环作为标记物，通过一系列严谨的实验，揭示了脂肪酸氧化分解的机制。

诺普首先在小狗的食物中掺入苯甲酸，发现在狗的尿液中出现苯甲酸的代谢衍生物——马尿酸；如果在食物中掺入的不是苯甲酸，而是多一个碳原子的苯乙酸，此时在狗的尿液中则不会出现马尿酸，却出现了另外一种代谢产物——苯乙酸的衍生物苯乙尿酸。

随后，诺普用碳链更长的苯丙酸、苯丁酸、苯戊酸、苯己酸等继续进行实验，通过检测小狗尿液中代谢产物的变化，发现一个规律：对于脂肪酸链上含有奇数碳原子的苯脂酸，小狗体内的最终代谢产物都是马尿酸，而含有偶数碳原子的苯脂酸的最终代谢产物则都是苯乙尿酸。

根据这些实验结果，诺普认为脂肪酸的分解过程是两个碳原子两个碳原子进行的。奇数碳原子的苯脂酸，两个碳原子两个碳原子地分解，最终生成了苯甲酸的衍生物马尿酸；而偶数碳原子的苯脂酸，两个碳原子两个碳原子地分解，则最终变成苯乙酸的衍生物苯乙尿酸。这种推测符合所得到的实验结果是合理的。

那么，为什么不可能是一个碳原子一个碳原子或者三个碳原子三个碳原子地分解呢？我们可以分析一下：如果是一个碳原子一个碳原子地分解，那么最后一定会得到苯甲酸的代谢衍生物马尿酸，不可能出现苯乙尿酸这种产物；如果是三个碳原子三个碳原子地分解，那么在小狗的尿液中除了会得到马尿酸和苯乙尿酸之外，肯定还会出现侧链上含有三个碳原子的苯丙酸的代谢衍生物。而实验并没有得到这些结果，所以脂肪酸在生物体内的分解过程必定是两个碳原子两个碳原子地进行的。

通过一系列严谨的实验，诺普揭示了脂肪酸氧化分解的机制，提出脂肪酸的 β 氧化学说。随后，其他科学家从生物体内陆续提取到与脂肪酸 β 氧化有关的酶，证实了 β 氧化学说的正确性。

（二）脂肪酸 β 氧化的机制

脂肪酸 β 氧化，指的是脂肪酸在生物体内氧化分解时，通过一系列的酶催化作用，在靠近羧基端的 β 碳原子上发生碳链断裂，生成一个二碳单位，即乙酰辅酶 A 的过程。

脂肪酸的 β 氧化过程可以分为三个阶段：在细胞质中的活化阶段、穿过线粒体膜的跨膜运输阶段和在线粒体内的氧化阶段。

活化阶段，在细胞质中，脂肪酸在消耗一分子 ATP 的情况下与巯基辅酶 A 结合，生成脂酰辅酶 A。

生成的脂酰辅酶 A 需要穿过线粒体膜进入线粒体内才能进一步氧化分解，但是长链的脂酰辅酶 A 无法穿过线粒体膜。这时，需要借助一种化学物质——肉碱分子的帮忙。

在脂酰肉碱转移酶 I 的催化作用下，脂酰基团被转移到肉碱分子上，生成脂酰肉碱。生成的脂酰肉碱就可以在线粒体膜上相应的载体蛋白的帮助下穿过线粒体膜，到达线粒体内部。

线粒体内，在脂酰肉碱转移酶 II 的催化下，脂酰基团被重新转移回到巯基辅酶 A 分子上，恢复成脂酰辅酶 A 的形式。这样，在肉碱分子的帮助下，活化了的脂肪酸分子顺利地穿过线粒体膜到达线粒体内，在这个过程中，肉碱分子起到十分重要的作用。

没有肉碱分子，脂肪酸的跨膜运输就没法进行；肉碱分子越多，跨膜运输的速率就越快，脂肪分解的速率就越快。这就是很多减肥食品添加肉碱（又叫左旋肉碱）的原因，因为它可以促进脂肪的氧化分解。但是，一定要记住，肉碱起作用的前提是体内正在通过脂肪分解获得能量，比如进行运动的时候。如果摄入含有肉碱的减肥食品后就躺在床上刷手机、追剧，体内的能量只是来自糖类的氧化分解，根本没有动用脂肪，此时肉碱就"英雄无用武之地"了。

运输进入线粒体内的脂酰基团随后进入四步一循环的氧化阶段，这四步分别是脱氢、加水、再脱氢和硫酯解。

首先，脂酰辅酶 A 在脂酰辅酶 A 脱氢酶的催化下，分别在2位和3位碳原子上各脱去一个氢，形成双键，生成烯脂酰辅酶 A；

烯脂酰辅酶 A 随后在水合酶的催化作用下，与水分子发生反应。水分子中含有的氢原子和羟基，分别加在双键的两端，生成羟脂酰辅酶 A；

羟脂酰辅酶 A 在羟脂酰辅酶 A 脱氢酶的催化作用下，再次脱氢。注意，此时脱去的两个氢原子全部源于3位碳原子，也就是 β 碳原子，从而在3位碳原子上形成酮基，得到的产物称为酮脂酰辅酶 A；

氧化阶段的最后一步，酮脂酰辅酶 A 在硫酯解酶的催化作用下在2位和3位碳原子之间发生碳链断裂的现象，生成一分子乙酰辅酶 A 和少了两个碳原子的脂酰辅酶 A。

生成的乙酰辅酶 A 进入糖的有氧分解途径，彻底氧化分解生成二氧化碳和水并为人体提供能量。而少了两个碳原子的脂酰基团则留在氧化阶段的代谢途径中，每循环一圈，分解两个碳原子，直至完全变成乙酰辅酶 A。

脂肪酸 β 氧化过程，包括细胞质中脂肪酸的活化、穿过线粒体膜的跨膜运输和线粒体内四步一循环的氧化过程，脂肪酸最终被完全降解成乙酰辅酶 A，生成的乙酰辅酶 A 则可以经过糖的有氧分解代谢途径，彻底氧化分解生成二氧化碳和水并为人体提供能量。

（三）酮体代谢

人体内脂肪的分解，主要通过肌肉或者肝脏进行。脂肪酸 β 氧化通常发生在骨骼肌中，是在有氧的情况下进行的。而在肝脏中，脂肪还可以通过另一条代谢途径来进行脂肪的分解。

先看一则新闻报道：一名大学生，为了让自己变得更瘦，采用饥饿减肥的方法，每天只喝一碗粥，晚上只吃点水果，很快就瘦下来了，不到一周，瘦了2.5公斤。但是，她很快就出现身体不适的症状，到医院检查后发现酮体呈阳性，患上了饥饿酮症。

那么，什么是酮体？酮体和减肥有什么关系？饥饿酮症对身体有什么危害呢？

酮体，是肝脏进行脂肪酸氧化分解代谢的产物乙酰乙酸、β－羟丁酸和丙酮的总称。

在糖类物质供给不足时，人体大量分解脂肪来提供能量，此时肝脏通过酮体代谢将脂肪酸转化成乙酰乙酸、β-羟丁酸和丙酮。肝脏负责合成酮体物质，但并不利用酮体物质，而是通过血液将其转运到其他的器官，比如大脑。大脑从血液中获得酮体物质，将其中的乙酰乙酸和β-羟丁酸分解成乙酰辅酶A，并进一步氧化分解获得能量。丙酮则通过尿液和呼吸排出体外。

为什么大脑不直接分解脂肪酸获得能量呢？这是因为血脑屏障的存在，大分子的脂肪酸无法穿过大脑细胞膜进入大脑细胞，因此在糖类物质供应不足时，大脑无法直接利用脂肪获得能量，只能在肝脏的帮助下，将大分子的脂肪酸转化成小分子的酮体物质，然后经过血液运输到大脑，从而利用肝脏间接地分解脂肪来获得能量。

在正常情况下，人的血液中酮体浓度很低，但是在长期饥饿的时候，由于糖类物质供应不足，体内大量动用脂肪提供能量，酮体代谢变得十分旺盛，大量的酮体物质进入血液，导致血液中酮体浓度急剧增加，诱发酮血症。由于乙酰乙酸、β-羟丁酸为小分子的有机酸，酸性比较强，大量进入血液后会导致血液和血液流经的各组织器官的pH值下降，造成酸中毒的现象，严重影响人体健康。

也就是说，饥饿减肥的方法虽然可以大量消耗脂肪，但会造成体内酮体代谢过于旺盛，增加肝脏和肾脏的负担，诱发酮血症、酮尿症，严重影响人体的健康，这种减肥方法是错误的、不科学的。

三、结语

综上所述，科学的、健康的减肥方法是体育运动。当我们在进行运动的时候，尤其是长时间中等强度的有氧运动，比如慢跑、登山、游泳等，肌肉组织会通过脂肪酸β氧化途径大量分解体内的脂肪，达到减肥的目的。

体育运动不仅可以强健我们的体魄，还能锻炼我们的意志。

党和国家领导人非常重视全民健身运动，并且身体力行。新中国的缔造者毛主席就非常热衷运动。从青年时代起，毛主席就坚持爬山、游泳等体育运动，并且深刻意识到体育运动不仅可以强体魄，更能强意志。在1956年，60多岁的毛主席在武汉横渡长江，并且写下著名的诗篇《水调歌头·游泳》。诗中写道："万里长江横渡，极目楚天舒，不管风吹浪打，胜似闲庭信步。"这首豪迈的诗篇，展现了无产阶级革命家不畏一切困难的英雄主义气概。

"健吾之身，强吾之骨，壮吾之志。"让我们像毛主席那样，在这春暖花开的好日子里，适当放下手机，远离电脑游戏，走进大自然，参加各种体育运动，强健我们的体魄，磨炼坚强的意志，为祖国的建设作出更大的贡献！

第12讲

动物解剖学 [①]

董玉兰　中国农业大学

引言

　　神经系统与内分泌系统共同作用，调节机体新陈代谢、生长发育、免疫和繁殖。我们生活中的"相由心生""境随心转"，也与此密切相关。从医学角度来说，神经内分泌决定一个人的情绪和精神。而在这一过程中，垂体在神经内分泌系统起到重要作用。

▶ **主讲人介绍**

　　董玉兰，中国农业大学动物医学院基础兽医学国家重点学科教授、博士生导师，毕业于中国农业大学动物医学院。主讲本科生动物解剖学、家

---

① 授课教材：陈耀星. 畜禽解剖学（第三版）[M]. 北京：中国农业大学出版社，2010.
　　授课章节：第十一章　内分泌系统，第一节　内分泌器官，一、垂体。

畜解剖及组织学、特种经济动物解剖生理学，研究生机能形态学等课程，课程讲授内容涉及动物器官的宏观形态、微观结构和生理机能。曾获北京市高等学校青年教学名师、宝钢优秀教师、第一届北京高校教师教学创新大赛三等奖。主编教材1部，参编国家级规划教材6部，参译国家重大出版工程著作3部，副主译《家畜兽医解剖学教程与彩色图谱》获第二届中国出版政府奖图书奖；主讲的动物解剖学课程获得首届线上线下混合式国家级一流本科课程，北京市优质本科课程。

一、动物解剖学的意义

中国农业大学动物医学院的院训是"发展兽医科技，保障人类健康"。兽医学子必须不忘初心，牢记使命：不仅为人类提供健康的食品，而且为"三农"创造更大的经济价值，为乡村振兴作出应有的贡献。

动物解剖学是否能够助力这一目标的实现呢？首先，我们要明确动物解剖学的内涵和外延。动物解剖学的课程目标是让学生掌握机体的结构，理解机体的机能，从而采取有力措施，避开有害因素，改善机体机能，让动物长得健康，为人类提供健康、安全的食品。以"对牛弹琴"为例：公明仪为牛弹《清角》之操，伏食如故。非牛不闻，不合其耳也。转为牛虻之声，孤犊之鸣，即掉尾奋耳，蹀躞而听。这提示我们牛不是听不懂音乐，而是选取的音乐不合适。如果我们给牛听悦耳舒缓的音乐，是不是就可以让它心情愉快，吃嘛嘛香，身体倍棒呢？我们在生产当中就有给牛听音乐的实践，定时对牛播放悦耳舒缓的音乐能够增加奶牛产奶量，增加肉牛出肉率。

这有科学依据吗？实际上，这与神经—内分泌网络密切相关。神经系统与内分泌系统相互作用，共同组成神经—内分泌网络。神经系统调控内分泌系统功能，内分泌系统通过其分泌的激素调节机体新陈代谢、生长发育、免疫和繁殖。其实，我们生活中的"相由心生""境随心转"，也与此密切相关。相貌由心情决定，人生处境也由心情决定。心情又由什么决定呢？从医学角度，神经—内分泌决定着一个人的情绪和精神。其中，垂体是神经内分泌系统中重要的器官之一。

二、垂体的位置与形态

垂体（hypophysis）又称脑垂体，是动物机体内最复杂的，也是最重要的内分泌腺，与下丘脑有直接联系。在中枢神经系统的控制下，内分泌腺所产生的激素不仅参与调节动物骨骼和软组织的生长发育，而且还影响其他内分泌腺（甲状旁腺、肾上腺、性腺）的分泌活动。

垂体一般位于丘脑下部的腹侧，陷于颅腔底部蝶骨垂体窝内。垂体为一卵圆形小体，借助垂体柄连于下丘脑。其形状、大小在各种家畜体内略有不同，呈褐色或灰白色。垂体借漏斗连于下丘脑，外包坚韧的脑硬膜。

马的垂体如蚕豆大，远侧部和中间部之间无垂体裂。牛的垂体窄而厚，漏斗长而斜向后下方，远侧部和中间部之间有垂体裂。猪的垂体较小，同牛一样具有垂体裂。犬的垂体较小，呈一个卵圆形小体。猫的垂体呈一个小的圆锥体，中叶围绕神经垂体伸延，有垂体腔。

三、垂体的内部结构

根据垂体位置和结构特点，垂体可分为腺垂体和神经垂体两大部分。腺垂体包括远侧部、结节部和中间部；位于后方的神经垂体较小，包括神经部和漏斗部。通常结节部和远侧部合称为前叶，中间部和神经部合称为后叶。

（一）腺垂体

腺垂体来源于胚胎期原始口腔外胚层上皮形成的拉克氏囊。腺垂体内有丰富的内分泌细胞，呈团状、索状或滤泡状排列，细胞团索之间有丰富的血窦和少量的网状纤维。

1. 远侧部

光镜下，根据腺细胞嗜色特点可分为嗜酸性细胞、嗜碱性细胞、嫌色细胞三种。各类细胞所占比例随动物种属、性别、年龄和生理状况的不同而有所差异，但通常嗜酸性细胞约占40%，嗜碱性细胞约占10%，嫌色细胞约占50%。电镜下各种腺细胞均具有分泌蛋白类激素的结构特点，可根据分泌颗粒的形态特点、数量及分布状况等识别各种细胞。

第一，嗜酸性细胞呈圆形、卵圆形或多角形，胞质内含有许多嗜酸性颗粒，颗粒大小依动物种属不同而异。嗜酸性细胞在免疫组织化学染色和电镜下又可分为生长激素细胞和催乳激素细胞两种。

生长激素细胞主要分布于远侧部的外侧部，常三五成群，分泌颗粒丰富。生长激素细胞分泌生长激素，能促进全身代谢及生长，尤其是长骨骺端软骨中成软骨细胞的生长。幼年动物如果分泌不足，可导致侏儒病；分泌过多，则可造成畸形巨大躯体或肢端肥大症。需要注意的是动物养殖不可以注射生长激素，这关乎食品安全和人的生命安全。

催乳激素细胞较生长激素细胞略大，通常单独存在，数量少，在妊娠及哺乳期间，细胞可增多变大，细胞内含颗粒最大，且形状多样。电镜下，胞质内含有直径可达900nm的分泌颗粒，高尔基体发达。该细胞分泌催乳素，能促进乳腺发育和乳汁分泌。妊娠期或泌乳期的动物，催乳激素细胞数量增多，体积变大，分泌颗粒增多。

第二，嗜碱性细胞数量最少，一般比嗜酸性细胞略大，PAS反应均显示强阳性，胞质中的分泌颗粒比嗜酸性细胞小（150～200nm）。电镜下嗜碱性细胞包括促甲状腺激素细胞、促性腺激素细胞和促肾上腺皮质激素细胞三种功能不同的细胞。

促甲状腺激素细胞呈不规则形或多角形，主要分布于脑垂体远侧部的中腹侧区。细胞内分泌颗粒较多，但其直径在腺垂体细胞中最小，约为100~150nm。细胞分泌促甲状腺激素，能促进甲状腺的生长和甲状腺激素的分泌。

促性腺激素细胞呈圆形或卵圆形，主要位于窦状毛细血管附近。电镜下，胞质中有圆形致密颗粒，直径约为200nm，具有发达的粗面内质网。细胞分泌卵泡刺激素（FSH）和黄体生成素（LH）。用电镜免疫组织化学研究证明，两种激素同时存在于同一细胞的分泌颗粒内。FSH 促进雌性动物卵巢的卵泡发育，促进雄性动物睾丸内曲细精管的发育和精子的形成，因而又称精子生成素；LH 促进雌性动物排卵和黄体形成，促进雄性动物睾丸间质细胞发育和分泌雄激素，又称间质细胞刺激素。阉割动物的促性腺细胞，由于细胞内 FSH 和 LH 量的增多、变大而成泡状细胞，因此，这种细胞又称阉割细胞。

促肾上腺皮质激素细胞散在于远侧部，呈球形、椭圆形或星形，其细胞形态因动物种类不同而异。电镜下，细胞质内可见发达的高尔基体，分泌颗粒致密度不一，颗粒较小且少。分泌促脂解激素（LPH）和促肾上腺皮质激素（ACTH）。LPH 促进脂肪酸的形成，ACTH 可促进肾上腺皮质束状带和网状带细胞分泌。

第三，嫌色细胞数量最多，细胞最小，胞质较少且染色浅，细胞界限不清。嫌色细胞有的是嗜色细胞的脱颗粒细胞，有的属未分化细胞，有的具有突起，可能有支持和营养作用。

2. 中间部

中间部邻接神经部，两者互相紧密交错。除马外，中间部和远侧部由垂体裂完全分开。中间部的形态结构因不同动物而有差异。中间部主要细胞类型为淡染的嗜碱性细胞，常围成充满胶体的滤泡，中间部也可有远侧部其他类型的细胞。一般认为中间部细胞分泌黑素细胞刺激素

（melanocytestimuling hormone, MSH）。在两栖类动物中，它可作用于皮肤的黑色素细胞，将黑色素细胞胞体内的色素分散，继而使皮肤颜色发生改变而达到隐身的目的，但在哺乳类动物中的作用不明。

3. 结节部

结节部呈套筒状围绕神经垂体的漏斗。细胞排列成索团状或围成小滤泡，沿血管之间排列。细胞成分中有少量促性腺激素细胞和促甲状腺激素细胞，其他细胞的功能尚不明确。

（二）神经垂体

神经垂体（neurohypophysis）位于垂体的后背侧（猪、牛）或深部（马），上部与下丘脑直接相连，主要由来自下丘脑视上核和室旁核的无髓神经纤维和神经胶质细胞构成，并含有较丰富的窦状毛细血管和少量网状纤维。神经纤维具有运输催产素和抗利尿激素的作用。

神经垂体内不含腺细胞，不具备分泌功能，但可储存下丘脑视上核和室旁核神经细胞的分泌物，如抗利尿激素和催产素。垂体细胞是一种特殊分化的神经胶质细胞，具有支持和营养神经纤维的作用，还可能有调节神经纤维活动和激素释放的作用。

综上所述，腺垂体分泌生长激素、催乳激素、促性腺激素、促甲状腺激素、促肾上腺皮质激素、促甲状旁腺激素、促黑素细胞素。神经垂体储存下丘脑视上核和室旁核分泌的抗利尿激素和催产素。由于垂体内具有如此多的激素种类，因此称其为内分泌腺之首。

四、垂体的生产应用

科学知识是一把"双刃剑"，既能有效指导生产，提高生产价值，改善人类生活；也能拔苗助长，破坏生命平衡。人类的智慧就在于合理应用科学知识。

（一）牛的泌乳与内分泌的关系

泌乳是反射性活动，在挤奶或者被吮吸的时候，乳头皮肤中对压力敏感的神经末梢被激活。这种机械刺激被神经系统传导到大脑的脑下垂体，促使后者释放催产素，催产素通过血液输送到奶牛的乳房。在乳腺里，催产素引起乳腺腺泡周围的肌肉上皮细胞收缩，将牛奶挤压到乳导管和乳池中。形成奶牛泌乳反射（包括催产素释放）的刺激可以有多种方式，比如使用不同的触觉型乳头刺激按摩器，让奶牛看到幼崽或听到其声音等，以及通过喂一些与挤奶相关的浓缩饲料等。人工挤奶由于力度不同，间隔时间不稳定，可能会影响泌乳，因此，生产中使用挤奶设备，消除人为因素，可产生稳定的泌乳。

（二）情绪与内分泌的关系

垂体的功能与情绪密切相关。垂体分泌的激素既可以直接调节，也可以通过其分泌的激素作用于下游内分泌器官，间接调控情绪。例如，甲状腺功能异常导致甲状腺激素的合成和释放明显增多，临床上表现为脾气暴躁、出汗、皮肤潮湿、怕热、食欲变大、容易饥饿、胃肠蠕动加快等。但是，也可能是促甲状腺激素分泌过多引起的甲亢，也称垂体性甲亢。多数为垂体瘤所引起，少数由下丘脑—垂体功能紊乱所致。相反，因为腺垂体分泌的促甲状腺激素减少，导致甲状腺继发性分泌 T3、T4减少而引起的甲减称为垂体性甲减。垂体性甲减也是甲减的一种，临床上可见怕冷、皮肤干燥、毛发脱落、便秘等症状。总之，这均是由内分泌紊乱引起的。

调节内分泌平衡的方式有很多种：首先，要养成良好的生活方式，形成有规律的生活习惯，保证充分的营养与睡眠；其次，多听舒缓优美的音乐，调节心情；最后，适当运动，运动产生的多巴胺神经递质能让人心情愉悦。内分泌平衡，心情也会愉悦，外展于形，表现出容光焕发的容貌和精神，身心和谐。如果每个人都能做到，我们的社会也将更加和谐。

第13讲

电磁感应定律 [①]

王文文　北京航空航天大学

引言

　　艰难探寻磁生电，突破惯性解谜题。回路磁通若生变，电有灵犀来感应。右手定则判方向，来拒去留楞次律。科技生活多妙用，电磁统一显真理。电磁感应定律大家都不陌生，那么在大学阶段又该如何学习电磁感应定律呢？

▶ 主讲人介绍

　　王文文，北京航空航天大学航空发动机研究院党委书记、物理学院教授，主讲基础物理学和工科大学物理等基础课程，北航工科大学物理课程

---

① 授课教材：陈秉乾. 电磁学 [M]. 北京：北京大学出版社，2014.
　　授课章节：第六章　电磁感应，第一节　法拉第电磁感应定律。

优秀主讲教师、优秀留学生课程主讲教师，曾获北京高校青年教师教学基本功大赛理科组二等奖、最受学生欢迎奖等奖项，担任教育部大学物理教指委课程思政工作委员会委员。

一、问题的引出与探索

在"卫星悬绳发电实验"中，航天飞机与卫星通过一根长长的金属悬绳连接起来，当他们在地球赤道上方的轨道上运行时，悬绳中就会产生电流。卫星悬绳发电实验和我们生活中的磁悬浮列车、手机无线充电、IC 卡刷卡一样，原理都是电磁感应。

同学们在高中阶段学习过电磁感应定律，对此并不陌生。那么，在大学物理当中，我将带领大家在这个定律的物理思想、物理方法和物理本质的认识与理解方面更上一层楼！

1820 年，奥斯特发现电流的磁效应，电能生磁，磁能不能生电呢？物理学家们相信，一定能！因为这符合物理思想当中非常重要的两个观点，那就是"对称"和"统一"。首先，电生磁、磁生电，过程是对称的。其次，物理学家相信，万事万物都存在普遍的联系，可以找到一个统一的理论加以解释。如果说实现物理学的大统一是物理学家的大目标，那么实现电与磁的小统一就是其中的一个小目标。

为了实现这个目标，当时的科学家们开始了苦苦的求索，其中一些人与磁生电的发现只有一步之遥。例如，瑞士的科拉顿设计了一个在螺线管中插拔磁棒的实验，但是为了避免干扰，他把螺线管装置和检验电流的装置放在不同的房间里，当他操作完实验，跑到另外一个房间看结果的时候，电流表的指针纹丝不动。法国的阿拉果发现了电磁阻尼，美国的亨利发现了自感现象。后来人们知道，这些现象的本质都是磁生电，但是当时他们都没有意识到。

为什么这么多科学家都与磁生电的发现遗憾地擦肩而过呢？正可谓"成也对称，败也对称"，因为电生磁是恒定电流产生的稳态效应，科学家们想当然地认为，磁生电也是这样的。物理学经过艰辛探索之后，出身贫寒、由一名书店童工成长为物理学家的法拉第在1831年做了一个圆形软铁环上的两组线圈实验。他发现，当一组线圈产生的磁场发生变化时，另外一组线圈当中就会产生电流。法拉第立即敏锐地意识到，磁生电是伴随着变化的瞬态过程。随后，他又接连做了几十次实验，并且归纳出磁能生电的五种情况。这五种情况都是伴随着变化或者运动的，卫星悬绳发电实验就是第三种情况，法拉第还正式将这种现象命名为"电磁感应"。

二、电磁感应的基本规律

法拉第并不满足于实验现象的观察和归纳，而是继续探究电磁感应的基本规律。在创造性地提出"磁通量""磁力线"等新概念后，他发现是回路中磁通量的变化导致感应电流的产生。可是，这就是电磁感应的基本原理吗？法拉第发现，感应电流会随着回路中电阻的变化而变化，极限的情况下，电阻无穷大，也就是开路了，就没有感应电流了。没有感应电流，就没有电磁感应现象了吗？

法拉第并不这样想，他认为感应电动势仍然存在。于是他总结出，是回路中磁通量的变化，导致感应电动势的产生，这才是电磁感应的基本原理。电磁感应的神秘面纱终于被法拉第揭开了。法拉第是幸运的，他的幸运源于十年磨一剑的坚持，源于敏锐的洞察力，更源于突破惯性、打破常规的智慧和勇气。

然而，这位在实验物理和洞察力方面如同天才一般的物理学家总结出电磁感应的基本原理，却没能给出电磁感应定律的数学表达。可是，没有数学表达，人们就没办法更好地验证和应用物理定律。怎么办呢？

此时，德国的诺埃曼出手了，他是一位物理学家、数学家，在1845年给出电磁感应定律的数学表达。当然，这个定律，仍然是用法拉第的名字来命名的。

$$\varepsilon = -\frac{d\Phi}{dt}\text{（国际单位制）}$$

其中，ε 是感应电动势，Φ 是磁通量。

也就是说，当穿过闭合导体回路所包围的面积内的磁通量发生变化时，就会产生感应电动势，它的大小与穿过回路的磁通量的变化率成正比，方向由负号决定。当然，这是单匝线圈的情况，如果是 N 匝线圈串联且磁通一致，我们只要在前面加个系数 N 就可以了。

物理学的美，主要体现在简单、统一、对称、和谐，与我们中国传统美学观念类似。法拉第的电磁感应定律，可以说是把物理学的美体现得淋漓尽致！

欣赏美的同时，我们还要会用。在解决实际问题时，需要确定感应电动势或者感应电流的方向，那么，如何判断它们的方向呢？

第一种方法，就是使用电磁感应定律中的负号。这就涉及磁通量和感应电动势正方向的规定，要用到右手定则。伸出右手，用弯曲的四指代表选定的回路绕行 L 方向，那么伸直的拇指指向的就是回路包围面积的法线正方向。

当一个磁棒的北极向上靠近线圈，因为磁力线向上穿，磁棒靠近线圈的磁通量是大于0的，加上定律中的负号，感应电动势就是小于0的，与规定的正方向相反，是顺时针的。再看一个例子，还是这个线圈，还是刚才的规定方法，还是这个磁棒，只不过这一次它远离线圈运动，此时磁力线仍然向上穿，但是由于远离线圈，磁通量随时间的变化率是小于0的，加上定律中的负号，感应电动势就是大于0的，所以，它与我们规定的方向是一致的。

第二种方法，就是楞次定律。它由俄国物理学家楞次在1834年给出，也就是在那一年，30岁的楞次成为圣彼得堡科学院的院士。楞次定律是这样表述的：闭合回路中感应电流的方向，总是使它所激发的磁场来阻碍引起感应电流的磁通量的变化。楞次定律讲起来有点拗口，我们通过一个例子认识它。当磁棒从左向右靠近线圈，根据楞次定律，线圈应该产生向左的磁通量，根据右手定则，我们可以判断出感应电流应该是向左的，它反抗了原来磁通量的变化。

提到反抗，大家有没有觉得，楞次定律跟我们成长过程中的一个时期很类似。我们都经历过青春期，青春期有逆反心理：你来，我不让你来，你走吧，我又不让你走。所谓"来拒去留"。同学们已经会用楞次定律了，那么新的问题又来了，楞次定律的本质是什么？我们通过一个小实验来共同探究这个问题。由两位同学拿着两根一模一样的铜管，铜是导电的但不会被磁铁吸引。当我把两个看起来差不多的小物块同时放到两根铜管中，就会发现一个小物块很快落下来，而另一个等了几秒才落下来。之所以两个小物块下落的时间差别这么大，是因为下落较慢的小物块是磁铁。在磁铁下落的过程中，因为磁通量变化，铜管中产生感应电流。根据楞次定律，感应电流阻碍了小磁铁的运动，小磁铁的机械能减小了。而下落较快的小物块是普通金属块，如果忽略空气阻力，它做的是自由落体运动，所以下降得非常快，在此过程中机械能是守恒的。

根据刚才的实验，大家可能隐约感觉到，楞次定律的本质应该与能量有关。我们用反证法，如果刚才小磁铁通过的铜管中的感应电流与实际相反，那么它势必会加速小磁铁的下降而不是阻碍它，机械能就不会减小而是增加，但使它加速的能量却没有来源。因此，楞次定律的本质还是能量守恒。

三、电磁感应的应用示例

2020年6月，我国自主研发的高速磁悬浮列车试跑成功，时速可达600千米。这标志着我国在高速磁悬浮列车自主研发领域走在世界前列。

回望100多年前的1921年，也就是在法拉第发现电磁感应现象的90年后，量子力学使物理学甚至整个自然科学体系发生重大变革。而当时处在北洋政府统治下的中国，军阀混战，民不聊生，科技创新更是无从谈起。电视剧《觉醒年代》有这样一幕，一位母亲趴在路边叫卖："卖孩子了，卖孩子了，多乖的孩子啊！"这是多么让人辛酸和心痛的场景啊！2016年，习近平总书记在全国科技创新大会上指出，在那个国家积贫积弱的年代，多少怀抱科学救国、教育救国理想的人们报国无门，留下了深深的遗憾。然而，也正是在那时，一粒光明的种子在黑暗中发芽了，1921年7月，中国共产党诞生了，中国革命的面貌从此焕然一新了。

之后的100多年里，我国的科学技术先是在战争中艰难而缓慢地发展，又在新中国成立之后奋起直追。改革开放以来，我们迎来了科学的春天。经过一代代科技工作者的接续奋斗，我国科技实力持续提升，在一些重要领域跻身世界先进行列。今天，我们迈入新时代，科技高速发展潜力巨大。2019年12月中国探测火星飞控团队接受采访，成员平均年龄只有30岁。我相信，若干年后同学们一定会成为中国科技创新的主力军！

第14讲

解密地上悬河 ①

王彬　北京林业大学

引言

　　只有"知山知水"才能更好地"治山治水"。培养现代地球科学观，并结合水土保持与荒漠化防治专业和自然地理资源与环境专业的特点，培养学生的思维能力，引领同学发现自然之美，才能为实现"替山河装成锦绣，把国土绘成丹青"奠定理论基础。

▶ 主讲人介绍

　　王彬，北京林业大学水土保持学院副教授，毕业于西北农林科技大

---

① 授课教材：杨景春，李有利. 地貌学原理（第四版）[M]. 北京：北京大学出版社，2017.
　　授课章节：第三章　河流地貌，第二节　河床。
　　授课教材：许炯心. 黄河河流地貌过程 [M]. 北京：科学出版社，2012.
　　授课章节：第七章　黄河下游河床演变。

学水土保持与荒漠化防治专业，主讲本科生课程地质地貌学、土壤侵蚀原理、土壤物理学和水土保持工程，主讲研究生英文课程 Soil and Water Conservation for Cultivated Land 和 Watershed Management。其中，地质地貌学和土壤侵蚀原理课程上线中国大学生 MOOC 平台，承担的土壤侵蚀原理虚拟仿真试验课程被遴选为国家一流本科课程。参与编撰教材3部，撰写专著5部；曾获北京市优质本科课程、全国课程思政示范项目推荐。

一、问题导入

黄河孕育了中华文明，哺育了亿万中华儿女，磨砺出中华儿女勤劳勇敢、自强不息的民族精神。

1952年毛泽东同志第一次离京考察，便来到黄河，发出"要把黄河的事情办好"的号召。党的十八大以来，党和国家高度重视黄河流域生态保护和高质量发展，尤其是黄河下游河道安全问题。习近平总书记指出，保护黄河是事关中华民族伟大复兴和永续发展的千秋大计，并将黄河流域生态保护和高质量发展提升为国家战略。

二、黄河流域概况

黄河发源于青藏高原巴颜喀拉山脉，全长5464公里，是我国的第二长河。以内蒙古河口镇和河南省桃花峪为界，分为上、中、下游三个河段，纵贯青藏高原、黄土高原和华北平原三大阶梯，下游地势平缓。黄河上游水量占全河水量的62%，沙量为全河的7%左右。这一水量仅为长江的6%。可见黄河的一个特点是"水少"。黄河中游水量占全河的28%，由于经过水土流失严重的黄土高原地区，贡献了90%以上的沙量。据统计，黄河的年均输沙量约为16亿吨。如果把这些泥沙全部堆成长宽高各一米的土堆，可以绕地球赤道27圈。所以，黄河的另一个特点是"沙多"。这种水少沙多的特点，使黄河成为世界河流中水沙关系最不协调的河流，也使黄河下游的河床高出两岸地面，形成罕见的"地上悬河"。

三、地上悬河的成因

黄河水利委员会的数据显示，黄河下游的河床平均高出两岸地面3-5米，高出开封市13米，最大高差位于新乡市达23米。地上悬河是如何形成的呢？结合黄河概况可知，上中游每年带来约16亿吨泥沙，是形成地上悬河的丰富的泥沙来源。同时，从中游奔流而出的黄河，流经地势平缓的华北平原，流速由"急匆匆"变为"慢悠悠"，河流挟沙能力大大降低，每年约4亿吨泥沙堆积在下游河道。

具备上面两个条件，就能形成地上悬河吗？泥沙来源和淤积条件也是华北平原形成的主要原因，而形成地上悬河还需要第三个条件——人工修筑河堤。地上悬河并不是自古就有的，随着人类社会的发展，人们希望黄河有一个固定的流路而不是时常洪水漫溢。因此，人们在黄河两岸修筑河堤，随着河床淤积，人们不断加高河堤，在人与自然不断博弈的过程中，地上悬河形成了。

如果将下游800多公里的地上悬河比作高悬在人们头上的定时炸弹，下游河床的游荡便是引爆炸弹的导火索。据史料记载，2600年来，黄河下游共发生决口1593次，改道26次。"三年两决口，百年一改道"就是历史上黄河的真实写照。黄河屡次决堤，两岸百姓流离失所、无家可归，接踵而至的饥饿、贫寒又带来社会动荡。以开封为例，她是八朝古都，但是6个都城都因为黄河决溢而深埋于地下。可以说，黄河多灾多难是自然和历史的常态，隐匿着历史变迁的规律，可谓"黄河宁，天下平"。

四、横向环流的作用机制

是什么原因导致下游河床的游荡呢？这里要引入一个概念——河床演变。它是指河床在自然或人为影响下发生的形态调整。请大家用初高中阶段的地理知识来思考，如图14-1所示，北半球运动的物体，由于受地转偏向力的作用，会发生向右的偏转，产生顺时针运动。伸出右手，并拢的四指指向运动方向，拇指指向的便是偏转的方向，这也被称为右手法则。对于北半球的顺直河道，假设水流方向向上，根据右手法则，在地转偏向力的作用下河水会发生向右的偏转。我们沿 a-a' 线将河流纵切开来，这样便得到河流的纵切剖面。由于河水在地转偏向力的作用下向右侧汇集，右侧河水略高于左侧。

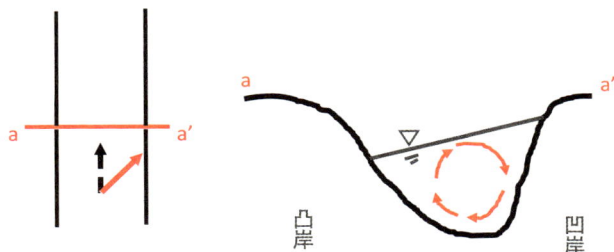

图14-1　直流型河床横向环流示意图

在水压力的作用下，断面的水流就会发生顺时针旋转。由于河岸右侧水流较大，河岸被侵蚀后退，逐渐凹陷，被称为凹岸。而左岸容易发生沉积，被称为凸岸。现实中真的会发生这样的变化吗？在北半球的试验显示，随着时间的演进，顺直的河道发生弯曲。在初始河段，的确符合右手法则，发生向右的偏转。而左侧河床并不符合右手法则，而发生了向左的偏转。这时的初始条件已经变成弯曲形河床，水流的离心力远远大于地转偏向力的作用。

取一段由内向外流淌的河流为例，在河流的横断面上任意取一个水柱作为分析对象。首先，河流在转弯处会给水柱一个离心力，对于这种离心力，同学们可以类比为车辆在弯道快速行驶的时候，给乘客的一个向外侧推动的惯性力。离心力的大小与速度成正比。前面讲过，河底水流受摩擦力的作用流速接近于0，而表面的流速最大。所以，水流离心力的应力分布应该为底部接近于0而上部最大的抛物线形分布。其次，与顺直河床一致，水流由凸岸向凹岸汇集，造成水面线倾斜。这时，水柱的上部就多出一部分水的压力。这部分水压力均匀等值地分布在水柱上，应力分布呈矩形，方向与离心力相反。力是可直接进行矢量计算的，我们对离心力和水压力进行叠加，可得到分析对象的受力分布。可见，水柱上部受向右的作用力，而下部受向左的作用力。

这种受力情况下，水柱将发生怎样的运动呢？答案是顺时针旋转。再加上由内向外的水流运动，河道中的水流就发生表层水流由凸岸流向凹岸，底部由凹岸流向凸岸的连续螺旋状流动。我们称这种水流的运动形式为横向环流。横向环流，也称弯道环流，是指在弯曲的河道中，表流（水面）由凸岸流向凹岸的汇聚水流，底流（河底）由凹岸流向凸岸的分散水流，构成一个个连续的螺旋形向前移动的水流[①]。当水流经过微弯河床凸岸时，在离心力作用下，水流射向凹岸，使凹岸水位抬高，由此产生水面横比降和横压力，该力作用方向指向凸岸，力的大小由水面至水底相同。由于离心力在水面大、在水底小，它与横压力相加后产生的合力方向是表层向着凹岸，底层向着凸岸。横向环流驱动着河床的演变。在横向环流的驱动下，河床发生明显游荡。这种游荡进一步增加地上悬河决堤的风险。

五、人类活动的影响

地上悬河是人与自然博弈的产物，那么人类活动如何影响地上悬河的

---

① 杨景春，李有利. 地貌学原理（第三版）[M]. 北京：北京大学出版社，2012.

演变呢？由黄河中游奔涌而出的高含沙水流，在下游发生淤积、河床抬高。如果顺应下游河床自由演变，会出现什么情况？河床的游荡性会进一步增强、河水溢出、黄河改道，形成大片的淤积土地或冲积平原。这一过程就是下游河床的自然演变过程。如果人为修筑河堤，约束河道发育，又会如何？河床会逐年淤积增高，人们不断地加固、增高河堤。如果疏于管理或遭到破坏，黄河就会决堤改道。这是人类尝试征服自然、与黄河不断博弈的方式。

不论是采用顺应自然的方法让下游河床自由演变，还是尝试征服自然对其进行筑堤约束，人类最终都无法摆脱地上悬河畸形发展的困局。2000多年的历史资料完整记录了人与黄河博弈的过程。在古代，由于社会生产力的限制，人们主要采用顺应自然的方式被动地与黄河相处，下游河床自由演变，基本上每10年就会发生一次大的漫溢。随着社会经济的发展，人们开始尝试征服自然，采用约束河道、修筑河堤的方法来治理问题河段。如果执政者悉心管理，黄河水患会明显减少；稍有差池，便会造成滔天洪水、民不聊生。从历史的视角来看，过去的2000多年黄河"三年两决口、百年一改道"，灾害频发是常态。而中国共产党领导的人民治黄工作彻底扭转了这一局面。在吸取前人治水经验的前提下，尊重自然规律，开展全河治理，实现了黄河在新中国成立以来的岁岁安澜。黄河宁，天下平。黄河的岁岁安澜，彰显着党和国家为人民谋幸福的初心。

从地理学的视角来看，为什么人民治黄能够打破地上悬河的困局呢？地上悬河形成的三个条件是泥沙来源、淤积条件和人工筑堤。从千百年来地上悬河畸形发展的死循环中，我们不难发现，不论是顺应自然的河床自由演变，还是征服自然的人工筑堤，都是针对问题河道本身。头痛医头、脚痛医脚，进行的是局部被动的治理，没有从悬河形成的泥沙来源和淤积条件入手，没有抓住解决问题的主要矛盾。

正所谓，表象在黄河，根本在流域，关键在泥沙。新中国成立以来，黄河的岁岁安澜，正是认识到地上悬河的形成原因，针对黄河中游水土流失严重的泥沙问题，大力开展退耕还林还草等水土保持和生态修复工程。经过20多年的不懈努力，黄土高原的植被覆盖率比1999年退耕还林前翻了一倍，增加到现在的64%。美国宇航局在《自然》杂志上发表的研究结果表明，中国新增植被覆盖面积至少占地球植被新增长面积的25%。中国的生态保护得到世界的认可和点赞！

赤地变青山，黄河流碧水！在不断推进的生态文明建设中，无数无名英雄用自己的知识和汗水铸造起新的绿色长城！曾经历史上一碗水半碗沙的黄河变清了，困扰中华民族几千年的地上悬河困局，终于被破解了。

第15讲

防灾减灾中的课程思政 [①]

刘凯　北京师范大学

引言

　　世界文化遗产都江堰水利工程的三大主体工程包括金刚堤、飞沙堰、宝瓶口。都江堰工程为什么要这样设计？三个工程又是如何作为一个有机整体系统性地发挥作用？本讲带领大家领略都江堰工程选址、设计和建设的基本原理，感悟都江堰工程设计"天人合一"的智慧，感受李冰父子立志为民的精神。

---

① 授课教材：彭述明. 都江堰史 [M]. 北京：科学出版社，2004.
　　授课章节：第八章　都江堰渠首工程。
　　参考教材：王平义. 弯曲河道动力学 [M]. 成都：成都科技大学出版社，1995.

▶ 主讲人介绍

刘凯，工学博士，毕业于比利时鲁汶大学。现任北京师范大学国家安全与应急管理学院副教授、博士生导师，专注于自然灾害风险评估与应急管理研究，担任"十三五"国家重点研发计划课题负责人，主持国家自然科学基金3项、北京市自然科学基金1项，发表论文47篇，其中以第一作者/通讯作者发表 SCI 论文26篇；曾获北京市应急管理领域青年学科带头人、北京市自然科学基金优秀青年人才、尼泊尔国家政府嘉奖、北京师范大学彭年杰出青年教师奖等奖励；担任国务院第一次全国自然灾害综合风险普查技术组成员兼技术组办公室主任，为我国首次自然灾害风险普查作出贡献。

一、课程导入

2020年夏，南方多地发生大范围强降雨过程，部分地区发生暴雨洪涝，地质灾害点多面广，损失严重。

洪水冲破堤岸，摧毁房屋，对人民的生命和财产安全造成极大的威胁。治水，在中国是一个古老的课题，先秦时期，我们的祖先就认识到："善为国者，必先除其五害，五害之属，水最为大。"这种认识，一方面说明，水灾自古以来就是对中华民族生存与发展威胁极大的自然灾害；另一方面说明，治理水害是国家管理者必尽的职责。

中华民族在与洪水灾害抗争的过程中，诞生了很多伟大的防洪工程，都江堰工程就是这样一个除害与兴利并举的典范。它是世界上最古老的水利工程之一，并且至今仍然在发挥作用。《华阳国志》中有这样一句话：水旱从人，不知饥馑，时无荒年，天下谓之"天府"也。习近平总书记指出，始建于战国时期的都江堰，距今已有2000多年历史，就是根据岷江的洪涝规律和成都平原悬江的地势特点，因势利导建设的大型生态水利工程，不仅造福当时，而且泽被后世。为什么中国古人修建的水利工程，历经2000多年仍然造福着成都平原？其中的设计，到底有什么样的奥秘？

二、都江堰工程概况

都江堰工程坐落在成都平原西部的岷江上。岷江是长江上游的重要支流，发源于四川省松潘县岷山。岷江两岸山高谷深，水流湍急，滚滚江水携带着泥沙，一路倾泻到成都平原，地势突然变得平坦，江东有一座玉垒山挡住了水流的去路。因为玉垒山的阻挡，当时的四川盆地往往是西边涝东边旱，附近的居民祖祖辈辈饱受水旱灾害之苦。当时的蜀地郡守李冰，目睹百姓的疾苦，下定决心治理水害。他带领大家对地形和水情作了实地勘查，提出修建水利工程治理水害的方案。

都江堰工程包括三个主体工程：金刚堤、飞沙堰、宝瓶口。这三个主体工程如何作为一个有机整体系统性地发挥作用呢？

三、都江堰工程设计原理

修建都江堰工程的目的是破解四川盆地西边涝、东边旱的局面。李冰下决心凿穿玉垒山把水引到成都平原。但是2000多年前，没有炸药，工人只能用一些铁器开凿，而用这样的方式，凿开山就需要几十年。怎样才能加快工程的进度呢？人民的智慧是无穷的。他们想出火烧水浇的方式，先用柴火烧石，再用冷水降温，利用热胀冷缩的原理使岩石迸裂疏松，进而开凿。

历经八年，人们终于在玉垒山凿出了一个宽20米、高40米、长80米的山口，这就是都江堰工程的第一个工程"宝瓶口"。从此汩汩清流从宝瓶口奔腾而入，灌溉着成都平原。留在江心的那一块山体，就叫作离堆。宝瓶口工程修建后，老百姓都很高兴。但是枯水期，通过宝瓶口进入成都平原的水量仍不能满足灌溉需要。怎样才能在枯水期让进入宝瓶口的水更多一些呢？

这就有了第二个工程——金刚堤。在滚滚江流中修筑堤坝的难度非常大。现代施工中，我们可以用钢板围堰，抽水之后，使用大型机械装备往里浇筑混凝土。但是在2000多年前，人们并没有这些工程设备与技术。经过不断的摸索与尝试，他们终于想到一个好办法。李冰看到当地盛产毛竹，决定用竹子编成大竹笼，装上鹅卵石，再用藤条把这些装满鹅卵石的竹笼连接成两三丈长的竹笼筏，一层一层在江流中堆成分水堤，用于抵挡岷江水流的力量。史书记载："破竹为笼，圆径三尺，长十丈，以石实中，累而壅水。"

远远望去，金刚堤像一条大鱼，鱼头朝着岷江的洪流，于是人们把它叫作"鱼嘴"。这样，金刚堤就把岷江水一分为二，外江是排洪的河道，内江则负责灌溉成都平原。

江水一分为二，那么在枯水期，有什么办法让更多水进入内江吗？就要在河道上想办法。李冰带领大家修建的时候，让内江河床低于外江河床，内江窄而深，外江宽而浅。这样，在秋冬枯水时节，水位较低，约有六成水进入内江，四成水进入外江。而在丰水的季节，水位较高，外江的河道又比较宽，六成水进入外江，四成水进入内江。我们称之为"四六分水"。

现在丰水和枯水的问题解决了，但在防洪工程里还有另外一个问题，那就是泥沙淤积河道。世界上著名的水利工程中，有相当一部分由于对泥沙问题处理不当而失效。都江堰工程长盛不衰的重要原因之一，就是它有效地解决了泥沙问题。它是如何做到的呢？这和都江堰工程的选址密不可分。都江堰工程选址在岷江一个大的弯道处，在弯道处会产生横向的环流将泥沙从内江抛向外江。

这里就用到弯道动力学的原理。金刚堤修建在河流的弯道处，左边堤岸相对于水流来说是凸岸，右侧堤岸对于水流来说是凹岸。当水流快速流经弯道的时候，由于离心力的作用，水从凸岸处往凹岸处抛。受到河岸的阻挡，凹岸处的水面高于凸岸处。取鱼嘴处的河流断面进行分析，水面从凸岸向凹岸逐渐升高，这个高度差叫作横比降。

　　旋转的水流受到离心力影响，由于河道底部摩擦力的作用，水流的流速从上到下逐渐减小，在河道底部接近于0，因此离心力也是上大下小。

　　同时，当水面有高度差的时候，就会对水柱产生侧压力，它从上到下是均匀的，方向指向凸岸。两个力的合力情况为：对于单位体积的水柱来说，它在上面受到方向向右的力，在下面受到方向向左的力。在这样的力的作用下，水流就会顺时针旋转起来，产生弯道环流，弯道环流就会带着泥沙从凹岸处抛向凸岸处。这也是河流地貌中常见的凹岸冲刷、凸岸淤积的原因。因此，当河流到达鱼嘴处的弯道时，由于弯道环流的作用，大量泥沙被抛向外江，流入成都平原的水就成了清水。鱼嘴处的工程同时起到分水、排沙的作用。

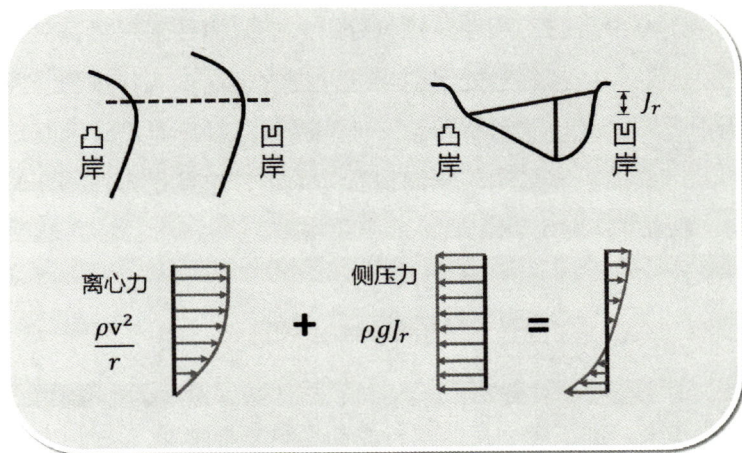

图15-1　弯道动力学原理

　　此时，水还是可以从金刚堤下方流走。为什么不把金刚堤修建过来防止内江的水流入外江呢？如果直接修堤，当上游水流很大的时候，进入内江的水有可能太多，使成都平原发生水灾。于是，李冰带领大家在金刚堤和离堆之间修建飞沙堰。飞沙堰看上去十分普通，但它的作用非常大，是确保成都平原不受水灾的关键。飞沙堰比内江高2.15米，枯水季节，拦水进入宝瓶口，起着河堤的作用。洪水季节，当江水超过溢洪道的高度时，多余的水量就自动漫过飞沙堰进入外江，形成一道天然的闸门。

既然是为了挡水或者泄洪，为什么不叫挡水堰或者泄洪堰，而叫飞沙堰呢？虽然大量泥沙从外江流走了，但仍然会有部分泥沙进入内江，宝瓶口处又是个狭窄的通道，虽然泥沙少，但也容易淤积。因此李冰带领大家对离堆附近的地形进行小小的改造，做成兜水的碗状，当内江水冲过来时，由于碗的顶托作用，在飞沙堰附近形成旋涡。

由于离心力的作用，水远离中心，四周水面上升，沙也被旋转的水流带向高处被甩出去，水变得非常清澈。因此，在飞沙堰处，由于旋涡的存在，产生的离心力将内江剩下的大部分泥沙甩向飞沙堰并进入外江流走，简单易行地解决了泥沙淤积这个水利工程难题。

当然，还有少量的沙留在凤栖窝处，人们只需要对凤栖窝处的泥沙进行清淤，就可以保证宝瓶口处河道畅通，古人把这个叫作岁修。那挖到什么地方为止呢？古人也非常有智慧，他们在内江河床下埋设石马，作为每年淘滩的深度标准。岁修淘滩要淘到石马为止，这就是都江堰工程著名的"深淘滩，低做堰"的治水名言。

四、都江堰工程对现代灾害防治工作的启示

2000多年来，都江堰一直造福着成都平原。金刚堤、飞沙堰、宝瓶口，环环相扣，巧妙地运用地形地貌优势，因地制宜，因势利导，科学地解决了分水、引水、排沙的问题，实现了科学与技术的完美结合。

都江堰的核心在于自动控制岷江分配到成都平原的水量，洪水来时自动分洪，枯水时自动限流。在西方，直到1948年科学家维纳提出"控制论"，自动控制的概念才渐渐成熟，而我们古人在2000多年前就设计出如此完美

的自动控制的水利工程，是中国古人的智慧和文明的结晶。

都江堰体现了天人合一的理念，也就是人与自然之间的协调统一。李冰运用智慧正确地处理了岷江与成都平原的矛盾，变水害为水利。看上去是人在治水，实际上，是人领悟了水、顺应了水。我们现代灾害防治工程也要遵循尊重自然、顺应自然、保护自然的理念。

李冰父子的精神也让我们深深震撼。他们看到水旱灾害给人民带来的痛苦，坚定了解决人民苦难、治理洪涝的决心。都江堰的修建，成功地解决了成都平原的旱涝灾害，赢得了百姓的爱戴。我们每个人只有把个人价值与国家需求、民族发展结合在一起，才能让生命更有意义。李冰父子治水，功在当代，利在千秋。同学们作为减灾人，只有心系人民，心系家国，才能将我们国家的防灾减灾事业做好，为实现中华民族的伟大复兴贡献力量。

我们更不能忘记，都江堰工程是上万名工人历经20年的艰苦奋斗才成功修建的。我们中国人民历经磨难，从来没有被压垮过，在磨难中成长、从磨难中奋起。都江堰工程反映了我们中国人民伟大的创造精神、伟大奋斗精神、伟大团结精神、伟大梦想精神。

习近平总书记指出，波澜壮阔的中华民族发展史是中国人民书写的！博大精深的中华文明是中国人民创造的！历久弥新的中华民族精神是中国人民培育的！中华民族迎来了从站起来、富起来到强起来的伟大飞跃是中国人民奋斗出来的！

我们为创造了人间奇迹的中国人民感到无比自豪、无比骄傲！

第16讲

混凝土之魂 [①]

卞立波　北京建筑大学

引言

　　土木工程材料是土木工程专业的必修课程。在授课的环节中寓思政教育于专业教育之中，让学生在获得专业知识的同时，陶冶情操，培养科学家精神和家国情怀也是本门课程的重要内容之一。

▶ **主讲人介绍**

卞立波，北京建筑大学土木与交通工程学院副教授，毕业于北京科技

---

① 授课教材：葛勇. 土木工程材料 [M]. 武汉：武汉理工大学出版社，2019.
　　授课章节：第五章　混凝土，第二节　混凝土的组成材料。

大学土木工程专业，主讲土木工程材料、建筑材料测试技术等课程。曾获全国高校土木工程材料青年教师教学讲课比赛二等奖，北京高校第十一届青年教师教学基本功比赛一等奖和现场最佳展示奖，北京建筑大学青年教师教学比赛一等奖，北京建筑大学首届"最美课堂"一等奖。授课过程中将人文素养、科学家精神和爱国情怀与专业知识相融合，在实现专业知识传授的同时，对学生的实际问题解决能力进行培养，结合课程思政对学生的价值观进行塑造，所授课程获得学生的一致好评。

一、课程引入

混凝土是当今世界用量最大的建筑材料之一，60%—80%的混凝土是由砂石骨料构成的，从某种程度上讲，砂石骨料的性能决定混凝土的性能，是混凝土的灵魂。

以港珠澳大桥的混凝土沉管为例，港珠澳大桥单节混凝土沉管长度180米、宽33米、高11米，重量达到76000吨，相当于一艘航空母舰的重量。骨料的使用影响和决定着混凝土沉管的质量。那么，是什么样的骨料使沉管工程在极其严苛的环境条件下拥有120年的使用寿命呢？

二、骨料的强度

骨料作为混凝土材料的填充物和骨架，自身的强度是混凝土结构物稳定的基础。骨料来自大自然，不同岩石的强度不同（表16-1）。

表16-1　不同岩石的母岩强度

种类	抗压强度 (MPa)
石英岩	252
花岗岩	181
玄武岩	150
大理岩	117
石灰岩	100
片麻岩	95

通常来讲，材料的强度越高性能越好。那么对配制混凝土而言，在骨料的选择上，是否也是骨料的强度越高越好？对比采用花岗岩和石灰岩两种骨料制备的 C30 和 C60 混凝土28天强度，有以下发现。

表16-2　C30—C60混凝土配合比

单位：kg/m³

等级	水泥	粉煤灰	矿渣	细骨料	粗骨料
C30	220	90	60	833	1017
C60	340	100	100	623	1108

花岗岩骨料属于硬质岩石，基岩强度约为180MPa，石灰岩属于软质岩石，强度约为100MPa，二者强度相差很大。对于强度等级 C30混凝土而言，使用石灰岩做粗骨料的28天强度高于使用花岗岩做骨料的同强度等级的混凝土强度，对于强度等级 C60的混凝土而言，使用花岗岩配制的混凝土28天强度又高于使用石灰岩所配制的混凝土强度，结果如图16-1所示。

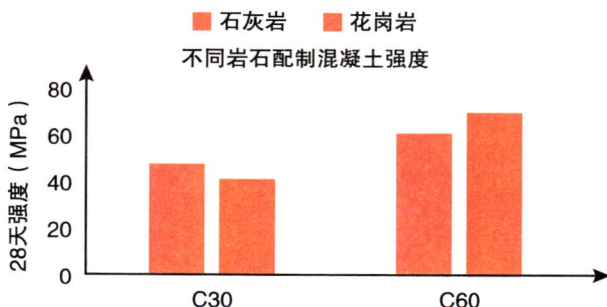

图16-1　不同岩石配制混凝土强度示意图

为什么会出现这样的结果？

混凝土是一种多相材料组成的混合物。不同相的材料变形能力不同，即弹性模量有所不同。花岗岩弹性模量 $E=70\sim140GPa$，石灰岩弹性模量 $E=21\sim49GPa$，水泥基体弹性模量 $E=7\sim28GPa$。弹性模量的不同使不同相材料的收缩变形不一致，在界面接合处会出现薄弱区域，薄弱区域的大小则会最终影响混凝土的强度。基于此，"高强度的骨料适用于高强度混凝土，低强度骨料则适宜于低强度混凝土"。

骨料强度的适用原则告诉我们：寸有所长，尺有所短；物尽其用，人尽其才。

港珠澳大桥沉管工程混凝土正是采用与其强度相匹配的花岗岩碎石，才使混凝土的高强度有了基本的物质保障。

三、骨料的级配

（一）粗骨料的级配

混凝土的制备为二级填充，粗骨料的空隙由细骨料进行填充，填充后的空隙由浆体进行填充。我们需要实现粗骨料的空隙率降低，即骨料在不同粒径范围内的分布和搭配最优化。空隙率的降低和比表面积的减小才能实现性能优越混凝土的制备。

图16-2　不同粒径骨料空隙率对比

实验说明，沉管混凝土二级配骨料通过密实堆积实现空隙率的降低。如图16-3和图16-4所示。

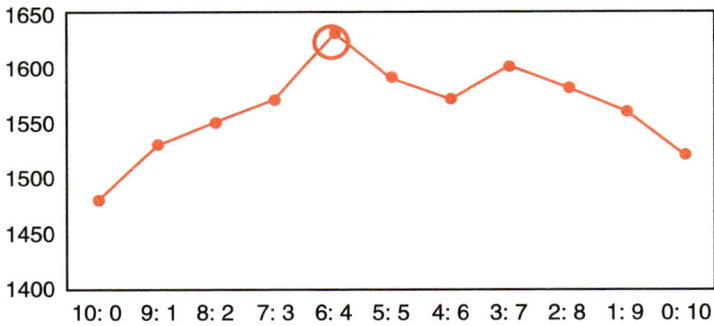

图16-3　二级配骨料混合堆积密度（kg/m³）

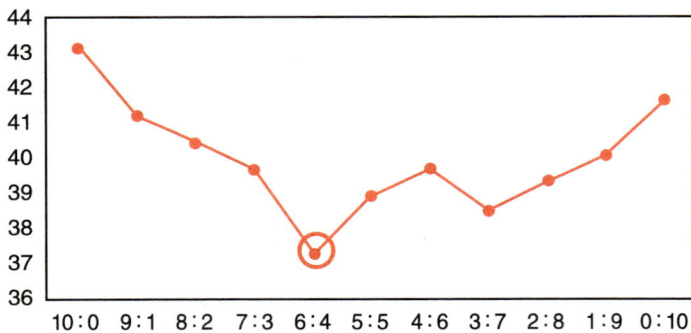

图16-4　二级配骨料混合空隙率（％）

对比二级配骨料混合后堆积密度的大小，在堆积密度最大处，空隙率最低，实现了粗骨料级配的最优化。

（二）细骨料的级配

粗骨料采用密实堆积的方法实现粗骨料的级配优化和空隙率降低。对于不同粒径的细骨料则采用筛分方法。将筛分后细骨料的累计筛余百分比绘图，所绘曲线越接近抛物线，则意味着骨料的堆积密度越大，空隙率越低。此条曲线就是富勒曲线。

根据累计筛余百分比和细骨料颗粒级配曲线将细骨料划分为三个级配区。Ⅰ区级配细骨料偏粗，配制混凝土后易出现离析泌水，工作性能不良；Ⅲ区级配细骨料偏细，比表面积过大，配制混凝土浆体用量过高；Ⅱ区级配的细骨料，粗细程度适中，级配较好，适宜配制混凝土。

在数学模型的基础上，提出不同颗粒的细骨料混合在一起后的总体平均粗细程度——细度模数的计算方法。

$$M_x = \frac{(A_2 + A_3 + A_4 + A_5 + A_6) - 5A_1}{100 - A_1}$$

根据细度模数完成对砂子粗细程度的评价。粗砂 M_x=3.1~3.7，中砂 M_x=2.3~3.0，细砂 M_x=1.6~2.2。

港珠澳大桥沉管混凝土所用砂的砂细度模数2.7，级配区为Ⅱ区，较适宜配制混凝土。

（三）港珠澳沉管混凝土骨料级配

港珠澳大桥的沉管混凝土采用了4.75~9.5mm 和9.5~16mm 的二级配碎石，结合级配二区，细度模数2.7的中砂，实现粗细骨料在不同粒径范围内的分布和搭配最优化，即级配的最优化。级配的最优带来空隙率的降低，空隙率的降低使混凝土骨料能够在相对较低的浆体用量条件下实现混凝土的高强度。

四、骨料的表面状态

对于优质骨料而言，最好的颗粒形状近似圆球形或者正方体。这样的骨料接触面积大，且更容易挤压受力，能够很好地保证混凝土的强度，另外，近似圆球状的骨料具有更好的流动性，使混凝土的工作性能更加优良。片状、针状颗粒等劣质骨料，不仅本身容易折断，影响混凝土强度，而且相互支撑、阻隔，增大了骨料颗粒之间的空隙；以其制备混凝土，混凝土拌合物难以翻动，降低了混凝土的工作性能，施工困难。

单粒长度大于骨料所属相应粒径的2.4倍，为针状颗粒，如果厚度小于平均粒径的0.4倍，为片状颗粒。基于此，对针片状的含量加以控制，并据此将细骨料划分为一二三类。

港珠澳大桥沉管混凝土工程所用骨料的针片状含量为零。

骨料的生产工艺也有严格要求，采用反击破和圆锥破对骨料进行加工。物料经过多次冲击、整形，形状接近圆形。骨料相对圆润，才能保证混凝土的配制得心应手。

将细骨料颗粒放大300倍，显微镜状态下，骨料的表面平滑，品质优良。

五、骨料的界面与含泥

卵石的表面光滑，碎石的表面粗糙。骨料与水泥浆体之间的接触性能，决定了混凝土的整体性能和耐久性能。骨料表面的性能直接影响接触层的形成。骨料表面粗糙度越高，与水泥石接触面越大，黏接力越强。卵石表面光滑少棱角，空隙率和表面积均较小，拌制混凝土时所需的水泥浆量较少，混凝土拌和物和易性较好。碎石表面粗糙，富有棱角，碎石界面黏接和机械咬合力强。配制高强混凝土最好选用碎石。

砂子的表面状态涉及砂子的含泥量。劣质砂含泥量高，优质河砂基本不含泥。砂子含泥量的高低则影响着混凝土的性能，如果含泥量过高，会影响混凝土的工作性能、强度以及耐久性能，最终影响工程质量。港珠澳大桥的砂子含泥量则控制在0.2%，远低于标准要求的3.0%。

六、骨料的有害物质

海砂能用于生产混凝土吗？

海砂中含有大量的氯盐和硫酸盐。

海砂中的氯离子和金属形成化学反应，使铁原子失去两个离子被氧化，导致钢筋锈蚀，钢筋锈蚀膨胀，就会造成主体结构的开裂和破坏。

当硫酸盐过量存在，单硫型的水化硫铝酸钙（AFT）转化为水泥杆菌。

$$C_3AH_6+3(CaSO_4 \cdot 2H_2O)+19H_2O \rightarrow C_3A \cdot 3CaSO_4 \cdot 31H_2O$$

水泥杆菌体积膨胀1.5倍，就会造成混凝土结构的破坏。

骨料作为大宗地材，如果含有碱活性物质，在潮湿环境下，就会与水泥水化生成碱性物质发生反应。生成的碱硅酸凝胶会导致混凝土结构的开裂。

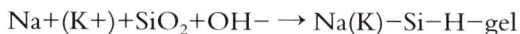

$$Na+(K+)+SiO_2+OH- \rightarrow Na(K)-Si-H-gel$$

除了碱硅酸反应能破坏结构，还存在其他化学反应，例如公园路面铺装完成后，面层石子会出现粉化问题，这是因为骨料中含有碳酸镁，发生了碱碳酸反应。

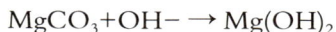

$$MgCO_3+OH- \rightarrow Mg(OH)_2$$

因此，要对骨料中有害物质进行测试并限制含量。

港珠澳大桥工程混凝土对于骨料的限制膨胀率、氯离子含量和硫化物含量进行严格的测限制（14天膨胀率0.07%，氯离子含量0.01%，硫化物含量0.3%），才保证混凝土的耐久性能更加优异。

七、结语

这个世界上本没有奇迹，有的只是极致的匠心追求。有了优质的原材料，就一定能够实现优质工程吗？不一定，优质工程还要有先进的管理手段和施工组织。这才保证港珠澳大桥沉管工程的混凝土性能优良。

表16-3　港珠澳大桥沉管混凝土配合比和普通 C60混凝土配合比对比

类型	水泥	河砂	4.75-9.5mm 骨料	9.5-16mm 骨料	骨料总量	56d 强度（MPa）
沉管工程	189	714	311	825	1850	68.9
普通	340	623	1108		1731	66.0

对比港珠澳大桥沉管工程混凝土配合比与普通 C60混凝土配合比，在水泥用量较低的情况下，沉管工程混凝土的56天强度仍然高于普通 C60混凝土，而极低的氯离子扩散系数和干燥收缩率，以及很好的抗渗性能则意味着沉管工程120年的使用寿命得以实现。

2018年10月23日，习近平总书记出席港珠澳大桥开通仪式并宣布港珠澳大桥正式开通。习近平总书记强调，港珠澳大桥的建设创下多项世界之最，非常了不起，体现了一个国家逢山开路、遇水架桥的奋斗精神，体现了我国综合国力、自主创新能力，体现了勇创世界一流的民族志气。这是一座圆梦桥、同心桥、自信桥、复兴桥。大桥建成通车，进一步坚定了我们对中国特色社会主义的道路自信、理论自信、制度自信、文化自信，充分说明社会主义是干出来的，新时代也是干出来的!

青年学子要树立高度的专业荣誉感和社会责任感，为我国基础设施建设贡献自己的力量。

第17讲

梁的弯曲正应力 [①]

周宏伟　中国矿业大学（北京）

引言

　　当我们漫步北京街头，欣赏大美北京，随处可见高架桥，我们由衷地感慨北京的建设成就和建设速度，也不禁思考一个问题，高架桥的跨度多大合适？实际上，在煤矿中，巷道跨度也是一个非常重要的问题。那么，跨度的确定最重要的科学依据是什么？这就是本讲的主题——梁的弯曲正应力。

▶ 主讲人介绍

　　周宏伟，中国矿业大学（北京）能源与矿业学院教授，毕业于中国矿

---

①　授课教材：孙训方. 材料力学（I）（第六版）[M]. 北京：高等教育出版社：2019.
　　授课章节：第四章　梁横截面上的正应力，第四节　梁的正应力强度条件。

业大学（北京）工程力学专业，主讲材料力学、分形几何与岩石力学等课程，课程材料力学上线中国大学 MOOC 平台。曾获北京市高等学校教学名师、北京市优秀教师等荣誉，担任北京市优秀教学团队、北京高校优秀本科育人团队、北京市高等学校实验教学示范中心负责人，兼任教育部高等学校力学基础课程教学指导委员会委员。负责并讲授的课程材料力学入选首批国家级一流本科课程，教学成果获2008年度、2017年度北京市高等教育教学成果奖，荣获庆祝中华人民共和国成立70周年纪念章，享受国务院政府特殊津贴。

一、梁的弯曲正应力

假如梁 CD 上只有弯矩作用，没有剪力作用，我们把这种情形称为纯弯曲。现在，请将关注焦点放到梁 CD 上，展开想象力，假设梁由纵向纤维层铺构成（图17-1），在 CD 端施加弯矩 M，梁将产生弯曲变形。材料力学的核心内容就是引入变形和变形体的概念，那么梁的弯曲变形是一种什么变形呢？这种变形就是层铺的纵向纤维的伸长和缩短，也就是说，靠近下边界的纤维拉长、上边界的纤维缩短。那么，一定有某一层位既不伸长也不缩短，这个层位被称为中性层。

假设梁的横截面为矩形，在横截面建立一个坐标系（图17-2），矩形截面的中心为坐标原点，梁轴线为 x，纵向为 y，水平方向为 z，z 轴是中性层和横截面的交线，我们称之为中性轴。在弯曲变形过程中，我们需要用到三个假设：（1）横截面弯曲前为平面，弯曲后仍为平面；（2）横截面始终垂直于梁的轴线 x；（3）纵向无挤压。由前两个假设可得出一个推论：梁弯曲变形后，梁轴线是圆周的一部分。

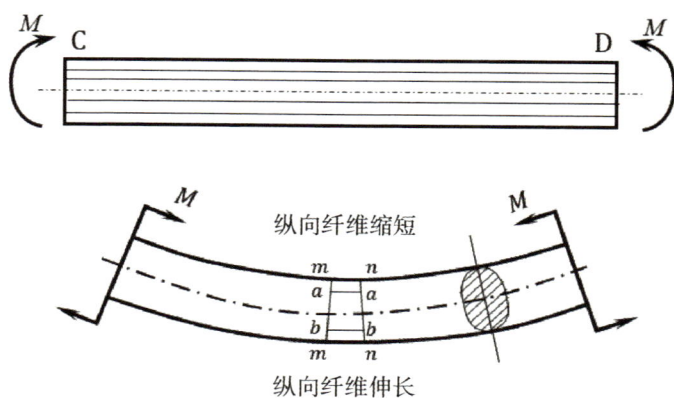

图17-1　纯弯曲梁

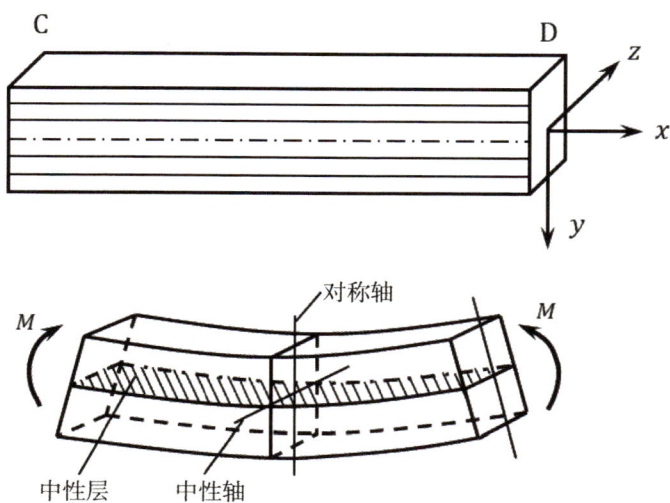

图17-2　梁弯曲的平面假设

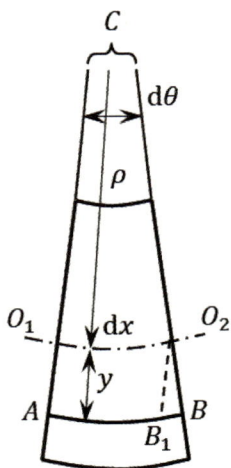

图17-3 梁弯曲变形的几何关系

从梁中取一个微元段进行分析（图17-3），纤维 AB 段的线应变为：

$$\varepsilon = \frac{B_1B}{AB_1} = \frac{y\mathrm{d}\theta}{\mathrm{d}x} = \frac{y\mathrm{d}\theta}{\rho\mathrm{d}\theta} = \frac{y}{\rho} \tag{1}$$

根据胡克定律，可算出其对应的正应力，即弯曲正应力为：

$$\sigma = E\varepsilon = E\frac{y}{\rho} \tag{2}$$

图17-4中，进一步根据静力平衡关系可得：

$$\int_A \sigma \mathrm{d}A = \frac{E}{\rho}\int_A y\mathrm{d}A = 0 \tag{3a}$$

$$\int_A y\sigma \mathrm{d}A = \frac{E}{\rho}\int_A y^2\mathrm{d}A = \frac{EI_z}{\rho} = M \tag{3b}$$

将式（3b）代入式（2），可得到弯曲正应力为：

$$\sigma = \frac{My}{I_z} \tag{4}$$

式中：I_z 为横截面的惯性矩。

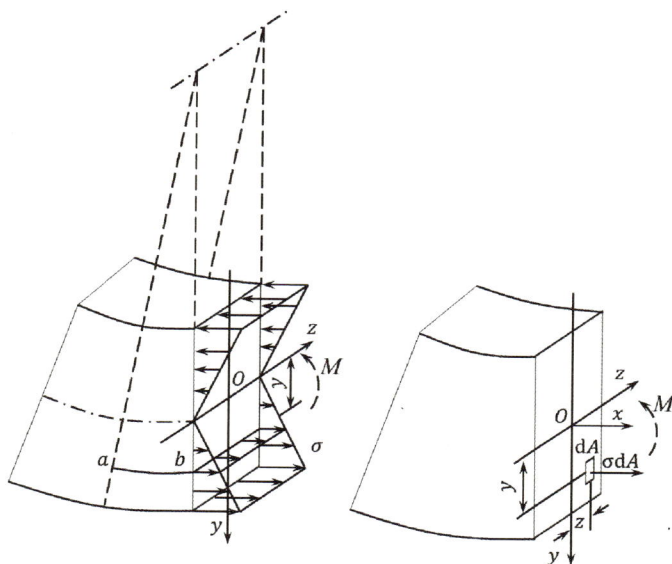

图17-4　梁横截面的静力平衡分析

二、梁弯曲理论的发展简史

梁的弯曲正应力计算公式的推导过程看似顺理成章，但人类对弯曲正应力的认识经过了近200年的发展历程，是一段跌宕起伏的过程。早在1638年，伽利略就出版了《关于两门新科学的对话》，这本书于1914年翻译成英文出版。其中提到对梁弯曲理论的早期认知，即一个外伸梁悬挂重物，其固定端受拉，拉应力在横截面内是均匀分布的，且整个梁的横截面没有中性层的概念。

马略特结合水力学研究了材料强度问题，他的研究比伽利略更进一步，他认为梁的截面上应力不是均匀分布的，而是沿高度线性分布的。从均匀分布到线性分布的认知是一种进步，但仍没有中性层的概念。胡克认为梁截面内的应力分布应当是以梁的中性层为零的线性分布，胡克的模型中，有了中性层的概念，也有了线性分布的概念。但胡克没有沿着这一思路进一步展开和模型化。

我们把伽利略、马略特、胡克关于梁的模型放到一起（图17-5），可以看出梁的弯曲理论在半个世纪中的发展历程，但仍处于梁弯曲理论的认识初期。

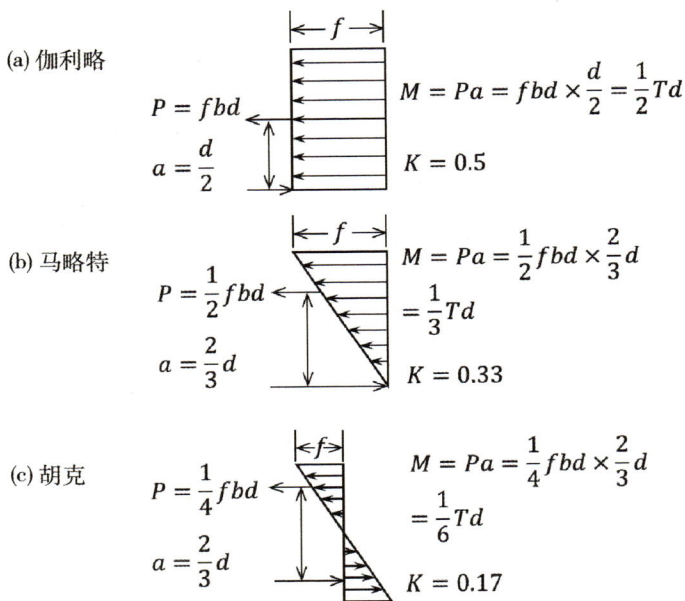

(a) 伽利略

$P = fbd$

$a = \dfrac{d}{2}$

$M = Pa = fbd \times \dfrac{d}{2} = \dfrac{1}{2}Td$

$K = 0.5$

(b) 马略特

$P = \dfrac{1}{2}fbd$

$a = \dfrac{2}{3}d$

$M = Pa = \dfrac{1}{2}fbd \times \dfrac{2}{3}d$

$= \dfrac{1}{3}Td$

$K = 0.33$

(c) 胡克

$P = \dfrac{1}{4}fbd$

$a = \dfrac{2}{3}d$

$M = Pa = \dfrac{1}{4}fbd \times \dfrac{2}{3}d$

$= \dfrac{1}{6}Td$

$K = 0.17$

图17-5　梁弯曲理论发展简史

一直到100多年后的1823年，伯努利和纳维才给出梁弯曲理论的正确模型，是建立在三个假设基础上的梁的模型。从三个假设到给出梁的弯曲理论模型，印证了一个观点：力学模型是建立在假设基础之上的，没有假设，就没有力学模型。

三、梁弯曲理论的工程应用

新中国成立后，尤其是改革开放40多年来，我国科学家对梁模型进行了进一步发展和工程应用，取得了丰硕成果。20世纪70年代，宋振骐院士以梁模型为基础，提出采煤工作面的传递岩梁模型。该模型中，考虑上覆岩层在自重的作用下产生弯曲变形，用岩梁的正应力判断梁的起裂条件，岩梁在煤壁上方开裂，开裂后，岩梁由固支梁转化为简支梁，并将进一步产生弯曲下沉。因此，宋振骐院士提出"限定变形"的理念，以此为依据，设计并优化了工作面支架。

钱鸣高院士在经典梁模型的基础上，提出采煤工作面的砌体梁模型。砌体梁模型认为，随着工作面的推进，岩梁悬臂跨度逐渐加大，当岩梁的最大正应力超过岩石强度时，岩梁将产生周期性断裂，并发生回转变形。岩梁的回转变形在有限空间内，将形成砌体结构，整个结构将出现平衡—失稳—再平衡的周期过程。该模型为工作面上覆岩层控制提供理论依据。

宋振骐院士、钱鸣高院士在经典梁模型的基础上，提出采煤工作面矿压理论，不仅奠定了我国矿压理论的国际地位，使我国矿业理论研究处于国际领先水平，而且为我国综合机械化采煤作出巨大贡献，极大地支撑了我国国民经济飞速发展对能源的需求。我国学者也为梁的弯曲理论这个经历近400年发展历程的经典课题，发出中国学者声音，作出中国学者贡献。

第18讲

人机界面中的听觉显示器设计 ①

薛庆　北京理工大学

引言

　　当别人为我们提供恰当的人机界面时，我们不仅感觉方便、舒适，工作效率高，我们也在享受、欣赏着别人为我们展现的美。当我们用人因工程的知识去关爱他人、服务社会、帮助别人，实现了价值，我们就是在创造美。把学到的知识用在实际工作中，我们就不仅有欣赏美的眼睛，更有创造美的能力。

▶ **主讲人介绍**

薛庆，北京理工大学机械与车辆学院教授，博士，全国模范教师，北

---

① 授课教材：郭伏，钱省三. 人因工程学（第二版）[M]. 北京：机械工业出版社，2017.
　　授课章节：第十四章　人机界面设计，第二节　显示器设计中的"听觉显示器设计"。

京市高等教育教学名师，毕业于北京理工大学机械制造专业，主讲人因工程学、计算机科学与程序设计等课程。人因工程学获批北京市优质本科课程，且在中国大学 MOOC 平台上线。曾获北京市优秀教师、北京市师德先进个人、首都高校育人标兵、北京市教育创新标兵等称号，获北京市青年教师教学基本功比赛一等奖、北京市优秀教育教学成果奖等奖项；曾主持北京市教改立项，主编北京市精品教材，参编国家级规划教材，是国家级优秀教学团队核心成员、中国高等教育培训中心入库专家、北京理工大学课程思政教育研究专家和北京理工大学教师发展指导专家。

人机界面是指人与机器等进行信息交互的媒介或平台。人机界面承载着大量的信息，以便用户对信息进行搜索、选取与认知记忆。操作高效的人机界面必定是符合用户的认知特性的，需要分析用户的认知心理等，了解信息的认知作用机理，结合界面的实际操作功能，形成相应的界面设计准则，要以用户为中心，满足用户的心理与认知特性，给用户提供满意的行动引导和操作条件，减少用户的认知负荷。界面上的信息是以编码的形式呈现的，设计恰当的信息编码，可以实现舒适健康的工作界面和高效的人机合作效率。

一、知识回顾：理解视觉编码

人机界面上的信息以编码的形式呈现，编码可以是视觉的，也可以是听觉的。你听我讲课但是没看到课件，课程内容是通过听觉传递的；你听我讲课的同时能看到课件，就是既有视觉信息也有听觉信息。

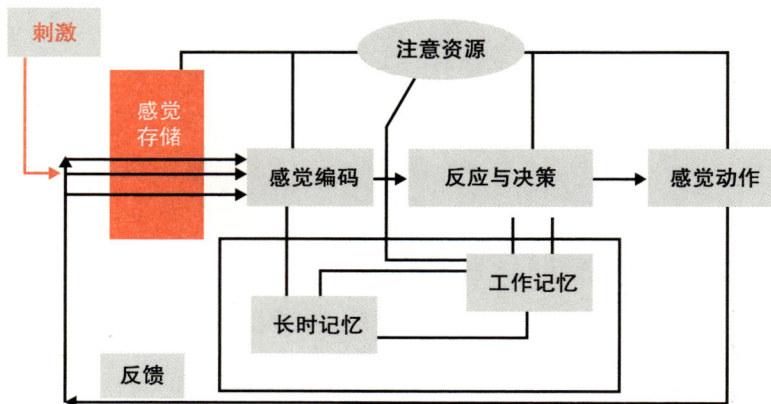

图18-1　人的信息处理模型

在人的信息处理模型中，人们通过感官得到外部世界的信息，这些信息经过大脑加工（综合与解释）产生对事物整体的认识，这就是知觉。知觉作为一种活动过程，包含互相联系的几种作用：觉察、分辨和确认。

信息是外界给予人的刺激，信息的呈现方式不同，对人的认知效果和认知行为有较大影响。界面信息的呈现原则综合社会文化、心理学、人机工效等因素，以实现更好的信息交互作用为前提，不断对界面的信息呈现方式进行优化设计，使其更符合用户的认知效果与认知规律，从而增加个体对一系列信息的读取速度、提高长时记忆以及工作记忆、降低认知的错误率、加快对信息的反应速度等。信息呈现方式研究的最终目的就是帮助用户更好地识别、理解信息的内容，最终实现人机之间有规律的信息交互模式。

在视觉编码中，人类从外部世界接收的信息有80%以上来自视觉，例如，我们从时钟上获得时间信息、从数字中看到准确的值、从仪器仪表盘看到设备的状态，以及各类图形、图表和符号等。这些视觉编码可以表达数量信息、质量信息、状态信息等。

视觉信息向我们展示了大千世界的五彩缤纷，视觉显示还有哪些应用呢？医疗监护设备的界面包括文字、数字、曲线、形状、颜色、位置、尺寸等视觉编码，这些编码显示了病人的各项生理指标及变化。但是不是有了这些视觉编码就够用了呢？当病人身处较大的空间环境中，医护人员不断走动，环境中或许还有其他噪声，如何快速地发现病人的某个指标出现异常？视觉显示是不是有局限性？怎么解决这种问题？此时，就可以采用听觉编码。

二、理解听觉编码

什么场合使用听觉信息呢？上课下课，我们习惯听铃声。此时能不能用视觉代替听觉？到底在什么场合我们适用视觉，什么场合优先适用听觉呢？

表18-1 听觉显示与视觉显示对照

听觉显示	视觉显示
信息简单	信息很复杂
信息较短	信息很长
信息之后不会被提到	信息之后会被提到
信息要处理的事件与时间有关	信息要处理的是空间位置
信息要求立即行动	信息不要求立即行动
人的视觉系统已经超负荷了	人的听觉系统已经超负荷了
接收信息的地方光线太强	接收信息的地方太嘈杂
人的工作要求他不停地到处移动	人的工作允许他停留在一个位置

在信息简单、信息要处理的事件与时间有关、信息要求立即行动以及人因工作要求需要不停移动等条件下，适合采用听觉显示。生活中消防车、救护车、警车和火车是不是有不同的声音？为什么我们能区分这些声音对应什么交通工具？这是因为频率不同、音调不同、节奏不同、响度不同。

在以上分析的基础上，我们来思考如何设计听觉显示器。

三、听觉显示器

人机界面设计要考虑很多因素，例如，认知心理规律、信息组织规律、用户记忆规律，以及人文因素作用，但最关键的是以人为本。

人的每一种感觉器官对某一种能量形式起作用，且这种能量强到一定程度，人才能感觉得到。因此，我们必须先考虑人在接收听觉显示时的能力。

第一，绝对阈限，人的听觉阈限包括频率阈限、声压阈限和声强阈限，为了让人能够听到，听觉编码必须满足听觉阈限。

第二，差别阈限，也就是相对分辨，就是能区别不同信号，特别是相近的。

第三，根据信号检测理论，在有噪声的情况下，能检测到信号，也就是"正确击中"。

第四，定位，能判断声音是从哪个方向传来的。

给医疗设备增加听觉显示，该考虑哪些因素呢？北理乐学平台曾发布讨论题，同学们在平台中积极发言：有的同学说，提高报警安全可以综合考虑人为、组织和技术因素来实现；也有同学说，不同症状的病人需要重点检测的体征指标也不尽相同，对不同的指标报警设置不同的响度、频率、音色，同时要注意多个指标的报警声音尽可能避免出现掩蔽现象；有同学提到，用不同通道的播音来对应不同的生理指标的反馈，相当于利用不同方位的声音对人的听觉刺激不一样，满足可识别的需求；还有同学表示，从报警声的频率、旋律和节奏入手，不同的旋律用在不同的仪器上，节奏和频率越急促越有紧急的感觉，旋律的辨识度强。

四、听觉显示器的设计原则

显示器设计原则为可检测、可分辨、有意义和标准化，具体到听觉显示器，我们可以进一步细化。

第一，相容性。听觉刺激所代表的意义与人已经习得的或自然的联系相一致，例如，高频、低频声音分别与"高速""低速"、"向上""向下"等意义相联系，高频率意味紧急。

第二，声音的强度、频率、持续时间等应避免使用极端值。例如，频率阈限是20~20000赫兹，但是不能用过高频率的声音给人耳带来危害，代码数目不能超过用户的绝对辨别能力，过多的信号会造成困扰，使接收者超负荷，例如，在三里岛核电站事故中，启动了超过60个不同的听觉警告信号，过多警告反而造成识别困扰。

第三，信号传播距离远和穿越障碍物时，应加大声强，降低频率。

第四，尽量使用间歇或可变的声音信号，避免使用稳定信号。使用户对声音的听觉适应减至最小。

第五，可检测，信号的强度高于噪声背景。

第六，可分辨，在使用不同的声音告警信号表示需要作出不同反应的场合，应使每种信号都能从别的信号中分辨出来。

第七，对于复杂的信息，可采用联级信号，第一级为引起注意的信号，第二级为精确指导的信号。

第八，对不同场合使用的听觉信号应尽可能标准化。

国家标准 GB1251.1-89《工作场所的险情信号 险情听觉信号》要求，"险情听觉信号的 A 计权声级等于或大于65dB，而且超过环境噪声声级15dB 以上就可识别""确定险情听觉信号声级时，除了要使其易于识别，还要避免声级瞬间的急剧增加（如0.5s 内增加30dB 以上），否则会产生惊慌。""如果信号接收区内的环境噪声 A 计权声级大于110dB，不能单独使用险情听觉信号，而要附加其他信号，如险情视觉信号等"。在相关设计初期，一定要查阅国家标准，保证作品符合行业要求和国家标准。

那么，听觉信号选择什么声音呢？是滴滴，还是嘟嘟？这不仅影响到听的效果，还会影响听到后的反应。有人作了研究，在五种不同的噪声环境中测定人们对尖哨声、短促的尖叫声、高喊声、"唷"声、间断的号角等八种不同的告警信号的反应时。结果表明："唷"声（在1.4秒内，频率从800赫兹下降到100赫兹）和喇叭"嘟嘟"声（间断喇叭，频率425赫兹，响0.7秒，停0.6秒）的反应时最短，尖哨声（在3.8秒时间内，频率从400赫兹逐渐提高到925赫兹）的反应时最长。

五、听觉显示器的应用

（一）告警提示装置

生活中常见的告警提示装置有如下几种。

第一，蜂鸣器。低声压级、低频率的音响报警装置，适用于较宁静的环境。

第二，报警器。声音强度大，频率由低向高，可抵抗噪声干扰，用作危急事态的报警。

第三，电铃。小口径的在3米内强度是60~80分贝，中等口径的钟铃可达100分贝。

第四，汽笛。频率和声强高，适用于紧急事态的音响报警。

第五，角笛。低声压级低频率的为吼声，高声压级高频率的为尖叫声，高噪声环境中的报警装置，较适合紧急状态的音响报警装置。

除了这些告警装置，我们生活中的手机铃声也是典型的听觉显示。人们根据自己的喜好选择铃声，甚至可以给指定的人设置指定的音乐，当音乐响起，就可以知道是谁来电，非常方便。铁路上常用鸣笛信号，例如起动注意信号一长声、退行信号二长声、召集信号三长声、牵引信号一长一短声等，不同操作对应不同的声音编码。

（二）言语显示器

在现实生活中，机场、火车站会播报通知，告知某航班开始登机或某次列车开始检票等。在一些场所，也有机器人跟我们对答，例如驾车出行时，车载导航提示道路信息或方向引导。这种言语类的显示信息具有更大的灵活性，方便听者辨别信息源。收听者未必经过特殊音调信号代码的训练，也能理解信息。

关于言语显示器，我想说说我的感受。10年前，我患了癌症，9个月的治疗过程中，多次候诊。每次检查都会有很多人在等待，在显示排队人姓名的屏幕上，当我前面有很多人时名字是红色的，快要轮到时名字就变成蓝色，刚好轮到时名字是绿色的，这就是视觉显示。可是有时人多，我不得不站在远离显示屏的位置，此时视觉显示不起作用，但是我不用担心错过叫号，因为能听到温和的声音提示某某请到第几诊室。癌症病人在就医过程中也许会心情很沉重、压抑或者焦虑，但每次能听到暖暖的提醒，就仿佛把一个声音专门送给你，这样的语言提示不仅传递信息本身，也体现了情感和人文关怀。治疗的过程虽然艰难，但正是这类有温度的信息，让我对医院、医生充满信任和感激，从而不惧怕疾病。我也会把言语显示的特点用在我的工作中，让我的课堂有温度，让同学们体会到教师的关爱。

除了生活中，我们的科研项目也使用听觉显示。例如，某设备人机界面设计，如图18-2所示，应用方提出设备故障时给予提示，除了图标文字外，还要增加听觉显示。

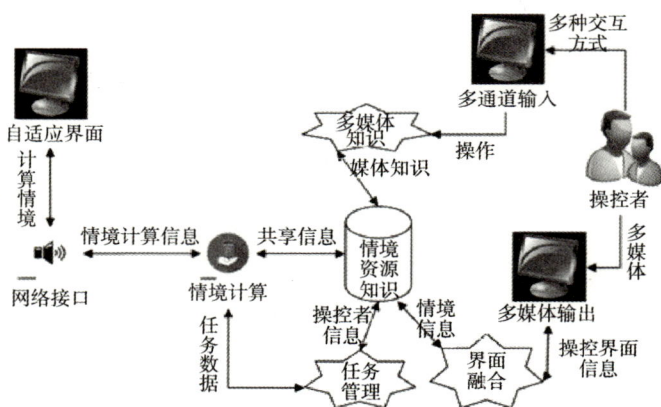

图18-2　人机界面设计方案

在车载防撞警报系统的有效性测试中，驾驶员注视前方，给予三种不同的声音提示，代表在车的侧面、前面或后面发生碰撞的告警，测试误警率对信任度的影响。

交互过程中，错误警报降低系统有效性，不必要警报对驾驶员产生额外压力与干扰，降低驾驶员对警报系统的敏感度、信任度、依赖程度，严重时甚至威胁驾驶安全。

因此，听觉显示是人机界面设计中的重要组成部分。当今，人机界面除了视觉、听觉，也有很多新的技术，例如虚拟现实技术、增强现实技术在制造业的应用。北京理工大学机械与车辆学院工业工程专业学生组成的创新创业团队开发了一种面向残障人群的智能脑控无障碍阅读系统。依托互联网＋青年红色筑梦之旅，走进我校定点扶贫的山西吕梁地区方山县开展公益实践。我校毕业生的创业公司设计了安全生产预警云服务平台，该平台可以根据企业需求，增加听觉报警显示的功能，服务企业安全防控。这些学生的科研成果为社会服务，真正把科研论文写在祖国大地上。

六、结语

无论是视觉显示器还是听觉显示器，人机界面的设计都是美的展示。北京理工大学始终瞄准国家和人民的需求，在很多领域有骄人的成果。

2008年北京奥运会，不论是气势恢宏的开幕式，还是流光溢彩的焰火表演，都有北京理工大学数字仿真团队、火炸药团队的科研技术支持。在2019年庆祝新中国成立70周年的群众游行彩车中，我校毕业生参与8台彩车的设计。

当别人为我们提供恰当的人机界面时，我们不仅感觉方便、舒适，工作效率高，也在享受欣赏别人为我们展现的美。当我们用人因工程的知识去关爱他人、服务社会、帮助别人，实现了价值，我们就创造了美。每个同学把学到的知识应用在实际工作中，我们就不仅有欣赏美的眼光，更有创造美的能力。

第三章

发现经管艺术课堂上的思政之窗

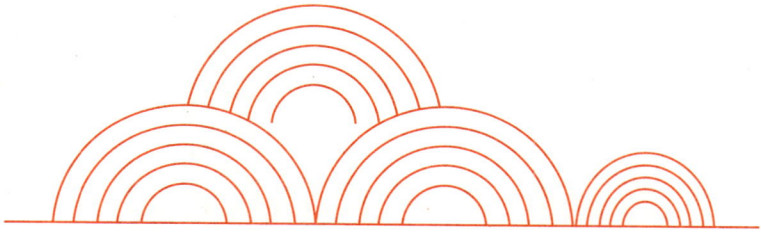

第19讲

揭开资本的神秘面纱 [①]

何召鹏　中央财经大学

引言

　　资本是不断地在运动中谋求自身价值增值的价值。增值性和运动性是资本的两大特点。劳动创造新的价值是资本价值增值的源泉，而资本的运动是资本价值增值的保证。

▼ 主讲人介绍

　　何召鹏，中央财经大学经济学院副教授，毕业于中国人民大学政治经济学专业，现任中央财经大学经济学院人才培养专项工作中心主任，中国政治经济学研究中心副主任，政治经济学系副主任，武汉大学马克思主义

---

①　授课教材：逄锦聚等. 政治经济学（第六版）[M]. 北京：高等教育出版社，2018.
　　授课章节：第四章　资本及其循环和周转，第一节　资本及其价值增值。

政治经济学研究生暑期学校讲座教授。主讲政治经济学（本科）、高级政治经济学（研究生）等课程，课程讲授内容涉及马克思主义政治经济学的基本原理和方法、中国特色社会主义经济理论与实践等，曾获中央财经大学第十一届、第十二届青年教师教学基本功比赛二等奖、中富育人先锋奖、万通教育奖励基金优秀教师奖等，主持教学改革类、课程思政类、在线开放课程类课题六项，其中在线开放课程政治经济学已完成课程录制和制作，计划在中国大学 MOOC 平台上线。

资本与货币有什么区别呢？资本又有哪些特点呢？本讲就让我们来"揭开资本的神秘面纱"。

一、资本与货币的区别

有同学会疑问："货币不就是资本吗？我们一般看到的资本家，最初手上都是拿着一定数量的货币，投资、建厂、生产、销售，最后赚取更多货币。资本和货币有区别吗？"

请大家思考，如果我手上有100元，这是不是资本？这似乎有些可笑，100块钱还想当资本家？请大家继续思考，如果我手上有100万元，这是不是资本？我拿着这100万元，先买辆车开出去兜风，然后再去海边买栋别墅，面朝大海春暖花开。此时，我手上用来消费的这100万元，与资本家手上用来赚钱的100万元，还是不太一样的。货币和资本到底存在什么区别呢？

货币是商品交换的媒介。比如，我生产商品 A，但是我想要商品 B。我需要把商品 A 卖掉，换成货币，然后拿着货币去购买商品 B，满足我的需求。可见，货币在商品交换中起到媒介的作用。

资本家最初投入一定数量的货币，通过购买生产资料和劳动力，从事生产活动，最后赚取更多货币，实现价值增值。

这是货币与资本最大的区别，一个是商品交换的媒介，另一个是价值增值的价值。比如我刚刚的那100万元，如果用来购买商品进行消费，那就是一般的货币；如果为了赚取更多货币拿去投资生产，就是资本。

讲到这里，我们可以给资本下一个简单的定义，资本是一种能够实现价值增值的价值。增值性是资本最主要的特点之一。

二、资本的增值性

资本的增值性可以用资本的流通公式来表示。资本家最初投资的货币为 G，为了生产购买的生产资料和劳动力为 W，生产的商品卖出之后变成货币 G′。其中 G′ 等于 G 加上 ΔG，G 是最初投入的资本，ΔG 是资本的价值增值部分。

$$G—W—G'$$
$$其中：G'=G+\Delta G$$

这个神秘的价值增值部分 ΔG 是从何而来的呢？只有找到 ΔG 的来源，才能搞清楚为什么资本能够发生价值增值。对于这个问题，有很多种解释。

有一种观点认为，是流通领域中商品买卖的不等价交换导致资本的价值增值，也就是说，有些人通过贱买，或者贵卖的方法来赚钱。比如，某商家通过低于商品价值的价格购买，或者以高于商品价值的价格售卖的方式赚取了差价。这一解释是否合理呢？从表面上看好像说得通，但仔细分析发现，通过贱买或者贵卖，一个人赚取的，恰恰是另一个人所亏损的，社会价值总量并没有发生变化。但现实中，随着生产发展，社会不断创造出更多的财富和价值。因此，这一解释是不合理的。在流通领域，不产生价值的增值。

那么，离开流通领域，资本能否实现价值增值呢？比如我把货币储藏起来，把钱藏在床底下或者锁在保险柜里。这样也不行，资本不能自发地增值。也就是说，离开了流通领域，资本也无法实现价值增值。

资本价值增值的秘密是什么呢？这要回到最初的资本流通公式。我们把资本流通公式 G—W—G′ 写完整，把它写成资本的总公式。

$$G—W(Pm+A)—P—W′—G′$$

资本家最初投资的货币是 G，为了生产需要购买的商品为 W，包括生产资料 Pm 和劳动力 A，然后进入生产环节 P，生产出来价值为 W′ 的商品，最后商品卖掉变成货币 G′。资本的总公式包含三个阶段，分别是购买阶段、生产阶段和销售阶段。

先看购买阶段和销售阶段，因为都是在流通领域，根据价值规律，商品交换遵循等价交换原则，所以，这两个阶段并不产生价值增值。也就是说，G 的价值 =W 的价值，W′ 的价值 =G′ 的价值。但我们发现，G′ 的价值是大于 G 的，也就是说，W′ 的价值是大于 W 的。W 是为了生产购买的生产资料和劳动力的价值，W′ 是生产出来的商品的价值。原来是生产阶段发生了价值增值。为什么生产阶段会发生价值增值呢？我们到资本家的工厂里去看一看。

资本家的工厂有非常多生产资料（机器设备、原材料等），还有很多劳动者，两者结合生产出来新商品。新商品的价值是 W′，这个价值是如何形成的呢？在生产过程中，生产资料的价值发生价值的等价转移，它有多少价值就会转移到商品中多少价值。

劳动者在这个过程中发挥什么作用呢？根据马克思的劳动价值论，劳动是价值的源泉，劳动者在生产过程中会不断地创造新的价值。注意：一旦劳动者创造的新价值超过资本家购买劳动力所支付的价值，资本就发生价值增值。原来，生产阶段资本价值增值的原因是劳动者创造的新价值超过自身的劳动力价值。至此，我们揭开了资本价值增值的秘密。

资本价值增值的秘密在于，劳动创造的新价值超过劳动力自身的价值。另外，价值增值发生在生产阶段，但是生产的商品必须卖出去，才能最终实现价值增值。马克思把商品卖出去换成货币称为资本"惊现的跳跃"，他说，如果掉下去，那么摔碎的不仅是商品，而是商品的所有者。可见，资本从商品形态到货币形态的这种"跳跃运动"，对于资本的价值增值至关重要。

三、资本的运动性

资本的生命在于运动，这是指资本最初从货币形态出发，为了价值增值，利用货币去购买生产所必需的劳动力和生产资料，这是资本在购买阶段的运动。进入工厂，劳动者与生产资料相结合生产出新的商品，这是资本在生产阶段的运动。商品进入市场卖掉之后变成更多货币，这是资本在销售阶段的运动。至此，资本就完成一个运动周期，实现了价值增值。随后，资本被重新投入购买阶段，开启新一轮的运动。资本运动的三个阶段是相互依存、紧密衔接的，任何一个阶段的停顿，都会影响资本价值增值的实现。而且，资本运动速度的快慢，会直接影响资本的价值增值能力。

假设某个资本的一个运动周期带来的价值增值是100元。如果该资本运动周期的时间是6个月，那么资本在一年内可以完成两个周期的运动，带来的价值增值为200元。如果其他条件不变，但资本的运动速度加快，资本运动一个周期的时间缩短为3个月，资本一年就可以完成4个周期的运动，带来的总的价值增值就变成400元。因此，对于资本而言，时间就是金钱！只有不断地加快资本运动速度，才能使资本实现更多的价值增值。反过来说，如果资本的运动速度放缓，资本的价值增值能力就会减弱。一旦资本运动中断，资本的价值增值也就停止了。

新冠疫情严重冲击了全球经济，疫情是如何影响经济运行的呢？从资本运动性的视角来分析问题，疫情是如何影响资本在购买阶段、生产阶段、销售阶段的运动呢？

首先，由于疫情防控的需要，很多地区实行封闭管理。这就导致企业无法购买生产资料，比如养殖场买不到饲料，汽车厂买不到零部件，等等。同时，为了更好地应对疫情，大家也都宅在家里，这就导致企业招不到工人。资本在购买阶段的运动中断了。由于无法买到生产资料和劳动力，企业的生产阶段也被迫中断。虽然企业没有开工，但是，企业仍面临诸多成本支付。比如，对于租用办公场所的企业而言，他们需要继续支付租金。对于贷款经营的企业而言，他们还需要支付贷款利息。这都加大了企业的运营压力和破产风险。即使在一些低风险地区，企业可以开工生产，仍需要支付一些额外的费用，比如购买防疫物资等。到了销售阶段，这个环节本来就很"惊险"，疫情进一步加重了商品销售的困难。疫情把消费者困在家里。去商场、电影院、餐馆等场所消费的人员大量减少，内需严重不足。同时，外贸出口也受到严重冲击。内需外需同时减少，资本在销售阶段的运动也中断了。

整个经济仿佛被疫情冻住了，资本的价值增值运动陷入停滞。如何应对疫情对经济的冲击呢？习近平总书记在统筹推进新冠肺炎疫情防控和经济社会发展工作部署会议上强调，经济社会是一个动态循环系统，不能长时间停摆。因此，党中央高度重视，密集出台多项政策，推动复工复产。

首先，发放贷款，尤其是为中小企业提供启动资金，多地政府包车、包机帮助农民工返岗，恢复资本在购买阶段的运动。其次，减税降费，采取措施降低企业生产阶段的经营成本，促进资本在生产阶段的运动。最后，大规模发放消费券，扩大内需；采取一系列刺激贸易的措施，稳定外贸，促进资本在销售阶段的运动。在强有力的措施推动下，全社会的资本运动逐渐恢复，中国经济运行回归常态，经济活力快速释放。2020年，中国成为全球主要经济体中唯一实现经济正增长的国家，彰显了我国经济的韧性与活力，也鼓舞了全社会的信心和干劲。

增值千万条，运动第一条。资本的生命在于运动，资本的运动速度越快，资本的增值能力越强。面对疫情导致的资本运动的中断，在党中央的坚强领导下，各级党委政府采取有力措施，保障资本在购买阶段、生产阶段和销售阶段各个环节的顺利运行，有效推动复工复产和资本运动。

四、结语

资本是不断地在运动中谋求自身价值增值的价值，增值性和运动性是资本的两大特点。劳动创造新的价值是资本价值增值的源泉，而资本运动是资本价值增值的保证。在疫情防控这场大考中，党中央集中统一领导，发挥出超强的组织力、动员力、指挥力、协调力，立足国内外疫情防控形势，统揽经济社会发展全局，抓住"循环"这一关键点，通过产业循环恢复生产力，通过市场循环培育竞争力，通过经济社会循环推进民生福祉。

第20讲

人民币国际化的战略意义 [①]

王芳　中国人民大学

引言

　　人民币国际化从探索和累积经验的稳慎阶段步入制度设计与行动的有序推进新阶段。有序推进人民币国际化是一项系统而复杂的工程，面对更加激烈的国际货币竞争，顶层设计应确保统筹好发展与安全。党的二十大报告指出，坚持把发展经济的着力点放在实体经济上。人民币国际化的着力点放在服务于实体经济发展上，服务于国内国际双循环相互促进的新发展格局，资金的收益率就具有实体经济利润的支撑，并体现出跨行业收益率的相对平衡，避免资金对特定行业过度追逐导致的泡沫，就能够统筹好人民币国际化与风险防范。

---

①　授课教材：阙澄宇. 国际金融（第六版）[M]. 北京：中国人民大学出版社，2019.
　　授课内容为课程总结，非具体章节。

▶ 主讲人介绍

　　王芳，中国人民大学财政金融学院教授，毕业于中国人民大学金融学专业。国家级一流本科专业金融学团队成员，主讲国际金融、金融学两门国家级精品课程，坚持讲好中国故事，引导学生在专业领域"读懂中国"。曾获宝钢优秀教师奖、北京市高等学校教学名师奖，以及中国人民大学"十大教学标兵""本科课外教学优秀奖"等荣誉。参加录制教育部精品视频公开课"金融学与中国金融发展系列讲座"，带领国际金融教学团队入选中国人民大学首批"吴玉章课程思政名师工作室"。

　　国际金融危机频繁发生，新兴市场经济体成为重灾区。一些国家和地区已经多次遭遇危机打击，甚至经济增长和财富积累都被迫中断。美国次贷危机演变为全球危机，给世界经济、贸易和国际金融市场造成极大破坏。但是，当大部分国家还在混乱中挣扎的时候，危机发源地美国却率先实现了经济稳定并且走向全面复苏。

　　这背后的基本原理可以帮助我们认清当前牙买加国际货币体系的本质特征和金融危机根源，从而找到中国应对危机侵害的系统性解决方案。

一、中国能否摆脱牙买加国际金融危机逻辑

（一）新兴市场国际金融危机逻辑

　　新兴市场经济体为什么频繁发生危机？尽管总有人抱怨"每场危机都不一样"，但是在众多国际金融危机案例中，还是可以找到一些共性特征，从而总结新兴市场的国际金融危机逻辑。

　　1. 新兴市场危机发生国的共性特征

　　首先，频繁发生危机的这些国家都是经济学意义上的开放小国。从禀

赋条件上看,小国经济体的经济金融对外开放只能基于外币(主要是美元),它们在大宗商品进出口、国际金融市场投融资等活动中主要以美元计价结算。因此,这些国家在国际贸易、国际金融市场的参与程度越高,对美元利率、美元指数等指标变动就越敏感。

其次,决定美元利率、汇率走势的美国货币政策周期对新兴市场国际收支具有重大影响。从危机触发机制上看,当美元利率进入上升通道时,新兴市场的外部环境从宽松变成紧缩,在贸易收支、外债负担、跨国资本流动方面出现外部环境逆转,导致国际收支恶化,从而引发国际金融危机。具体来说,美联储持续加息可能导致新兴市场国家贸易收支恶化、外债负担上升、资本外逃加剧……这很容易引起货币危机、债务危机、银行业危机,甚至全面金融危机。

对新兴市场经济体来说,开放小国的自然禀赋显然是难以改变的,美联储也不会轻易改变货币政策。既然禀赋条件和危机触发机制都无法改变,新兴市场国家就只能通过积累外汇储备来缓解危机可能造成的损失。在当前国际货币体系下,主要就是积累美元储备。

2. 新兴市场国家积累美元储备的后果

新兴市场经济体想要积累美元储备,就要在贸易、对外直接投资、国际金融交易等各种对外经贸活动中尽可能多地使用美元。但是这样做只能导致他们对美元更加依赖,进而产生更严重的后果。

积累美元储备事实上进一步强化了新兴市场经济体的国际金融危机逻辑。对单个国家来说,越是依赖美元,就越容易受到美国货币政策周期影响。换言之,新兴市场国家在提高抵御危机能力的同时,其实提高了危机发生概率。

众多新兴市场国家大量积累美元储备实际上酝酿了全球系统性金融危机。1997年亚洲金融危机后,一边是新兴市场经济体大量积累美元储备,另一边则是美国资本金融账户出现巨额顺差。美国国内流动性泛滥,形成资产价格泡沫,直至次贷危机爆发,导致新兴市场国家的美元储备价值损失。而当次贷危机扩大到全球范围后，可怜的新兴市场国家又要承受全球系统性金融危机的冲击。

（二）次贷危机演变成为全球系统性金融危机

为什么次贷危机会演变成全球危机？对新兴市场经济体又会产生哪些影响呢？

1. 危机前：流动性过剩

次贷危机暴发前，美国经济总量不足全球1/3，贸易份额大概为20%，但美元在全球官方外汇储备的占比却高达2/3，美元货币地位远远超出美国经济和贸易地位。美国国内乃至全球范围都存在流动性过剩问题。一方面，全球经济失衡非常突出。新兴市场经济体拥有巨额美元储备，美国却经常出现账户巨额逆差——世界上最发达的国家同时是最大的债务国。另一方面，国际资本流动"脱实向虚"极为严重。当时全球外汇市场平均一天的交易额超过3.3万亿美元，而与贸易相关的交易量还不足1%。

2. 危机蔓延：风险传染＋成本转嫁

由于美元的优势地位，以及美国金融市场特有的广度和深度，跨国金融机构都广泛参与美国市场，大量配置美元资产。因此，当美国的次级抵押贷款市场动荡发展成为次贷衍生品市场危机、信贷危机乃至市场流动性危机时，对美国市场和美元资产高度依赖的跨国机构几乎全都发生严重损失。全球金融体系遭到破坏，并沉重打击了各国实体经济。

2008年9月，雷曼兄弟公司破产，这标志着金融危机蔓延到其他国家和地区，然而，美元对主要货币普遍开始升值。因为在全球系统性金融危机中，美元虽然不是最好的选择，但是欧元、英镑、澳元等其他国际货币的表现更糟糕，所以美元成为市场上唯一的安全资产选择。国际资本大规模回流美国，美国经济率先得以稳定。

不仅如此，美联储为经济复苏实施了多轮量化宽松货币政策。蒙代尔—弗莱明模型说明，浮动汇率制度下，货币扩张在增加本国产出的同时将使外国产出下降。用国际金融术语来说，这是以邻为壑效应。通俗来说就是"损人利己"：为了使美国摆脱危机，全世界都要来买单，广大新兴市场经济体当然也不例外。

在美国终于摆脱危机、美联储宣布退出非常规货币政策之后，随着美元进入加息通道，新兴市场再次回归常规的国际金融危机逻辑。例如，2015年、2018年美元加息时，多个新兴市场国家爆发货币危机。

（三）中国应当怎样应对国际金融危机

新兴市场经济体要不要积累美元储备？如果不积累，出现危机时没有招架之力，代价太大；如果积累，就会让自己更加依赖美元，更容易发生危机，而且一旦爆发2008年那样的国际金融危机，不仅国内损失惨重，还要为美国分担危机成本。这样看来，新兴市场经济体似乎无论如何都逃脱不掉国际金融危机的宿命——这正是当前牙买加国际货币体系不合理、不公正的集中体现。

中国是最大的新兴市场经济体，我们是否受制于这样的危机逻辑？又该如何应对危机呢？

中国的经济体量、贸易规模都很大，在一定程度上能够对全球市场产生影响，所以不属于小国经济。我们在禀赋条件上与其他新兴市场国家有所不同，这决定中国在全球化过程中有机会使用本币。降低对美元的依赖，就能部分解决新兴市场危机的触发机制。因此，在是否积累美元储备问题上，中国没有那么大的政策选择困难。

不过，虽然理论上中国有条件基于本币对外开放，但实际上的对外贸易和投融资活动仍然较多使用美元。目前中国是全球官方外汇储备最多的国家，其中美元占比最高，所以对美元的依赖是一种现实存在。

如果只是中国自己降低对美元的依赖，还远不能从根本上破解全球系统性金融危机逻辑。只要美元仍然是占据垄断地位的超级储备货币，出现全球危机就只能选择美元，那么全球经济失衡以及美国引发全球金融危机的情形就不会改变。覆巢之下，焉有完卵？没有哪个国家能在全球危机中独善其身。从这个意义上讲，中国仍然没有摆脱牙买加体系国际金融危机逻辑。

二、为什么人民币国际化是重大国家战略

（一）人民币国际化发展现状

人民币国际化指人民币行使国际货币职能，越来越多地被居民和非居民、官方或私人部门作为国际贸易和金融交易计价结算货币和国际储备货币广泛使用。

1. 人民币国际化的可行性

中国有条件在跨境交易结算中使用人民币，使之完整地行使国际货币职能。

中资企业在国际贸易，全球产业链、供应链、价值链中的地位逐渐提高，在计价结算货币选择上拥有更多谈判筹码和话语权。只要没有制度障碍和技术约束，在实体经济开放过程中，中资企业坚持"本币优先"原则，自然就将人民币推介到全世界。

上海国际金融中心和全球人民币离岸市场的建设与发展，不断丰富人民币计价的金融产品与服务，为外国企业、机构和政府提供便捷的人民币投融资渠道、多样的外汇风险对冲工具和全方位的人民币资产管理方案。让非居民使用和持有人民币资产更加便利，没有后顾之忧。

自2016年10月1日起，国际货币基金组织（IMF）正式认定人民币为可自由使用货币，将其纳入特别提款权（SDR）货币篮子，权重10.92%，在美元和欧元之后位列第三。这是对人民币国际货币身份的官方认证，对于各类市场主体、各国货币当局资产配置的币种选择有一定参考价值。

2. 人民币已稳居主要国际货币行列

从2009年开展跨境贸易人民币结算试点起，人民币国际化已走过12个年头。在这段时间里，人民币国际化指数 RII 从2009年底的0.02% 到2019年底的3.03%，实现从无到有、由低向高的历史性突破。

从货币的收支、储备、外汇交易等各个角度来衡量，人民币全球地位稳步提升。各官方统计数据显示，2021年人民币是中国跨境收支第二大常用货币、全球外汇储备第五大常用货币、全球外汇交易第八大常用货币。

环球银行金融电信协会（SWIFT）数据显示，人民币国际支付份额于2021年12月提高至2.7%，超过日元成为全球第四位支付货币，2022年1月进一步提升至3.2%，创历史新高。国际货币基金组织（IMF）发布的官方外汇储备货币构成（COFER）数据显示，2022年一季度，人民币在全球外汇储备中的占比达2.88%，较2016年人民币刚加入特别提款权（SDR）货币篮子时上升1.8个百分点，在主要储备货币中排名第五。2022年5月，国际货币基金组织（IMF）将人民币在特别提款权（SDR）中的权重由10.92%上调至12.28%，反映出对人民币可自由使用程度提高的认可。

（二）人民币国际化有益于中国更有利于世界

持续推进人民币国际化，将产生哪些重大影响呢？

目前人民币的国际使用程度仍与美元、欧元存在一定的差距。人民币货币地位明显落后于中国在全球的经济和贸易地位。在对外经贸活动中更多使用人民币，有利于摆脱"美元陷阱"，防范新兴市场国际金融危机侵害。因此，对中国来说，人民币国际化是维护国家经济金融安全的重要举措。

人民币发挥国际货币职能，表明中国主动承担起提供全球公共物品的责任，客观上提供了国际支付货币和国际储备货币的新增选项，有望改变全球危机下"美元是唯一安全资产"的局面。新兴市场经济体的外汇储备积累悖论也有可能迎刃而解，因此，人民币国际化可以帮助新兴市场国家彻底摆脱国际金融危机的宿命。

新兴市场国家对世界经济和贸易作出的贡献越来越大，但是国际货币格局的调整严重滞后，"一超多元"导致主要国际货币的发行不受约束、广大新兴市场经济体深受其害、全球系统性金融危机难以避免。如果人民币国际化能够形成多元制衡的国际货币竞争新格局，就可以解决牙买加体系国际金融危机的制度根源，为全球金融治理增添稳定因素。

由此可见，人民币国际化不仅有益于中国，也有利于其他新兴市场国家和整个世界。

三、人民币的硬实力和软实力

人民币国际化要行稳致远，既要拼硬实力，也需要拼软实力。

党的十八大以来，我国经济发展平衡性、协调性、可持续性明显增强，国内生产总值突破百万亿元大关，人均国内生产总值超过一万美元，国家经济实力、科技实力、综合国力跃上新台阶，我国经济迈上更高质量、更有效率、更加公平、更可持续、更为安全的发展之路。这些硬实力全面提升了人民币的吸引力和使用便利性，增强了国内外各类经济主体对人民币的信心。

在人类命运日益休戚与共的今天，加强文明交流互鉴，深化文明相处之道越发重要。要坚持平等相待、彼此尊重，加强互学互鉴、交流交融，倡导开放包容、美美与共，促进和平共处、和谐共生，以文明之光照亮世界和平发展之路。不断提高人民币在国际社会的亲和力和感召力，形成重要的软性竞争力。

习近平总书记提出一系列新理念新倡议，回答"世界怎么了、我们怎么办"的时代之问，推动全球治理变革完善，展现负责任大国担当；提出构建人类命运共同体重大理念，为人类向何处去贡献了中国方案；提出共建"一带一路"倡议，截至2022年4月，我国已同149个国家和32个国际组织相继签署合作文件，打造广受欢迎的全球公共产品和开放合作的国际合作平台；提出全球发展倡议、全球安全倡议，推动全球发展共同体、安全共同体建设，为和平与发展事业注入新的动力。从联合国讲坛到达沃斯论坛，从亚太经合组织北京会议到二十国集团杭州峰会，从应对埃博拉到抗击新冠疫情，中国在国际事务中发挥了中流砥柱的作用。

四、结语

牙买加体系国际金融危机对我们构成现实威胁，"一超多元"的国际货币格局是其根本原因。人民币国际化是中国应对该危机的系统性解决方案，同时有利于推动国际货币体系改革和全球金融稳定。因此，人民币国际化负有双重历史使命。

党的二十大报告指出，中国坚持对外开放的基本国策，坚定奉行互利共赢的开放战略，不断以中国新发展为世界提供新机遇，推动建设开放型世界经济，更好惠及各国人民。坚持经济全球化正确方向，推动贸易和投资自由化便利化，推进双边、区域和多边合作，促进国际宏观经济政策协调，共同营造有利于发展的国际环境，共同培育全球发展新动能，反对保护主义，反对"筑墙设垒""脱钩断链"，反对单边制裁、极限施压。将加大对全球发展合作的资源投入，致力于缩小南北差距，坚定支持和帮助广大发展中国家加快发展。巩固人民币软实力，形成人民币货币区。

希望大家在学习基础知识和基本原理之外，也要积极思考人民币国际化的意义。在未来应用相关业务技能或理论知识从事国际金融业务时，希望大家能够自觉维护国家利益，顺应历史发展趋势，成长为国家和人民所需要的国际金融卓越人才。

国内生产总值（GDP）核算 [1]

陈全润　对外经济贸易大学

引言

　　自20世纪80年代以来，世界上多数发展中国家都实行了改革开放，但绝大多数发展中国家都陷入了"迷失的20年"，而中国却在1979—2019年的40年间实现了平均9.4%的经济增长速度，且没有发生过系统性的金融经济危机，堪称人类经济史上的发展奇迹。

▶ 主讲人介绍

　　陈全润，对外经济贸易大学统计学院副教授，获荷兰格罗宁根大学

① 授课教材：高敏雪，李静萍，许健. 国民经济核算原理与中国实践（第四版）[M]. 北京：中国人民大学出版社，2018.

授课章节：第二章　国内生产总值核算，第一节　国内生产总值核算的基本问题。

经济学博士学位、中国科学院研究生院管理学博士学位，主讲课程宏观经济统计、统计学，课程内容涉及国民经济核算、商务与经济统计等，曾获2021年对外经济贸易大学第八届青年教师教学基本功比赛综合一等奖、最佳教学演示奖、最受学生欢迎奖。

如果让各位同学评选20世纪最伟大的发明，你会把票投给哪项发明呢？我投票的这项伟大发明是经济社会发展的灯塔，它是一个只有6个字母的简单公式：$Y=C+I+G+X-M$。[①] 没错，它就是国内生产总值（GDP）。[②]

谈到国内生产总值的由来，就不能不谈20世纪30年代那场发生在资本主义国家的经济危机。当时，美国等主要国家正在经受大萧条的煎熬，经济、政治和社会秩序受到严重冲击。但在当时并没有国内生产总值等政府统计指标体系来监测宏观经济的运行和生产成果的统计。政府仅知道几百万人失业、铁路运输骤减、钢产量下降等零星信息，缺乏刻画经济全貌的关键指标。政府只能以观察一段时间内通过某段公路的卡车数量的办法间接判断经济复苏情况，政府对社会经济的治理如同在黑暗中摸索，异常艰难。

在此背景下，经济统计学家开始对测度一国生产成果的指标体系展开研究。它就是我们今天在政府工作报告、各大新闻媒体中频繁看到的国内生产总值指标。

一、国内生产总值指标对于宏观经济管理的重要性

国内生产总值指标的出现使生产成果可以被测算，宏观经济运行状况

---

① Y 表示国内生产总值，C、I、G、X 和 M 依次表示居民消费、资本形成、政府消费、出口和进口。
② [英]伊桑·马苏德. GDP 简史——从国家奖牌榜到众矢之的 [M]. 北京：东方出版社，2016：9-10.

可以被监测，企业的经营决策和国家的经济治理可以有参考。

正是有了国内生产总值，我们今天才有机会通过统计数据来感受改革开放以来，在中国共产党的正确领导下，我国在经济建设方面取得的伟大成就。中国的国内生产总值已由1978年的3679亿元增长到2020年的1015986亿元（当期价格）。如果进一步去除通货膨胀因素，中国2020年的GDP已是1978年的40多倍。与我们的父母一辈相比，今天的物质生活已得到极大丰富。

正是有了国内生产总值，我们才有机会通过统计数据来感受新冠疫情对中国经济产生的严重冲击，以及在中国共产党的有力领导下，我们统筹疫情防控和经济社会发展工作，率先控制住疫情、率先实现复工复产。

坚持党的领导是做好党和国家各项工作的根本保证，是我国政治稳定、经济发展、民族团结、社会稳定的根本点，绝对不能有丝毫动摇。正是因为始终坚持党对经济工作的集中统一领导，我们才能成功克服经济建设中遇到的一个又一个重大风险挑战，取得举世瞩目的经济发展成就。坚持党的领导，发挥党总揽全局、协调各方的领导核心作用，集中体现了我国社会主义市场经济体制的本质特征和中国特色社会主义制度的制度优势。

二、一国生产成果的测度

在20世纪30年代的大萧条时期，国内生产总值尚未问世，如何对一国的生产成果进行统计测度呢？

是否可以盘点一下一国生产的产品数量呢？对于经济结构单一的国家来说，这是一个简单有效的方法。例如，对于以放牧为主的国家，完全可以通过数羊的方式来统计该国的生产成果。羊数完了，该国的生产成果也就统计完了。但是对于经济结构复杂的国家来说，产品成千上万，通过罗列各种产品的数量来反映一国的生产成果就显得太烦琐了。

能否把所有产品的数量压缩成1个指标来衡量一国的生产成果呢？比如，可否把各个产品的产量相加汇总成总产量？大家很快会发现，这一思路根本行不通。各个产品的单位不同，例如，30吨原煤加上20辆汽车等于什么，因此根本不能相加。

将各个产品的数量乘以价格可得到产品的产值，转换为价值量之后就可以相加了。将各个产品的产值相加可以得到总产值，那么能否使用总产值指标来测度一国的生产成果？然而，这一处理方法将把我们引向重复计算的陷阱！

（一）重复计算

举例来讲，煤炭开采部门利用本部门的劳动力和资本生产了价值10亿元的煤炭，钢材部门使用该10亿元的煤炭同时附加本部门创造的40亿元的价值生产出价值50亿元的钢材，发动机部门利用该50亿元的钢材以及本部门附加的450亿元的价值生产出价值500亿元的发动机，汽车制造部门利用该500亿元的发动机以及本部门附加的1000亿元的价值生产出价值1500亿元的汽车，最终，该1500亿元的汽车用于居民消费。在该案例中，生产部门的总产值是多少？

回答类似问题的最好方式是绘制流程图，将各种交易与产出数据按照顺序进行清晰的刻画，得到如图21-1所示的汽车生产链条。

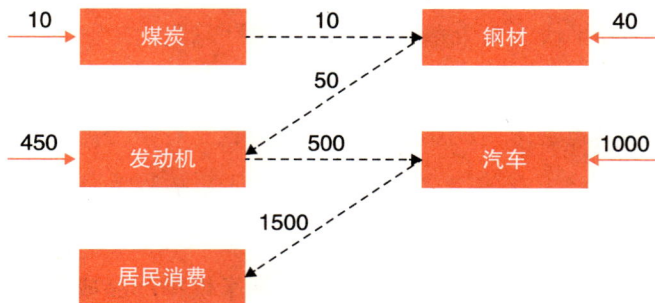

图21-1　简化的汽车生产链条（单位：亿元）

总产值为各生产部门产值的合计。因此，该案例中的总产值为煤炭部门、钢材部门、发动机部门和汽车部门生产的产品价值的合计，即图21-1虚线箭头上的各个数值的总和：

$$10+50+500+1500=2060（亿元）$$

总产值已计算得出结果，但重复计算在哪里呢？要想看到重复计算的发生，我们需要把总产值打开，看看里面的具体组成。

在此例中，根据各个部门产品价值的形成过程，我们将各生产部门的产值用增加值来表示。假定煤炭部门的生产没有使用任何原材料和零配件（可以想象成原始的采矿方式，通过劳动力将煤炭从地下开采到地上），该部门的产值即本部门创造的增加值：

$$10=10（亿元）$$

由于钢材部门的产值是在煤炭部门10亿元产值的基础上附加本部门创造的40亿元的增加值，因此钢材部门的产值可以分解为：

$$50=10+40（亿元）$$

发动机部门的产值是在钢材部门50亿元产值基础上附加了本部门创造的450亿元的增加值，因此发动机部门的产值可分解为：

$$500=10+40+450（亿元）$$

同理，汽车部门的产值可分解为：

$$1500=10+40+450+1000（亿元）$$

将各个部门的产值用增加值表示后，总产值2060亿元可分解为：

$$2060=10$$
$$+10+40$$
$$+10+40+450$$
$$+10+40+450+1000$$

从以上分解结果可以很清楚地看到，在总产值2060亿元中，增加值10被重复计算了3次，增加值40被重复计算了2次，增加值450被重复计算了1次。被重复计算的价值总计：$10\times3+40\times2+450=560$，重复计算率高达27%

（560/2060）。可见，如果使用总产值来衡量一国的生产成果，由于存在重复计算问题，统计结果将被很大程度地高估。

（二）重复计算产生的原因

从上述案例可以看到，一些产品生产出来之后又在下一个环节被其他部门的生产消耗掉了（例如，煤炭生产出来之后被钢材部门的生产消耗掉了），这些产品事实上已经不存在了，其价值已经转移到其他产品的价值之中。如果将这些产品的价值也统计在生产成果之内便会产生重复计算。

根据产品在国民经济范围内的使用性质，可将产品分为中间产品和最终产品。

中间产品指在一个生产过程中生产出来然后又在另一个生产过程中被完全消耗或形态被改变的产品。它可以是货物，例如，案例中的煤炭、钢材、发动机都是中间产品；也可以是服务，例如，企业生产使用的金融服务、技术服务、广告服务、会计和法律咨询服务等。

最终产品指离开生产系统，未被其他生产过程消耗的产品。离开一国生产系统的最终产品的去向包括：第一，用作最终消费，满足国内消费需求，例如，家庭和个人消费者购买的食品、服装、电器、文化娱乐服务等，政府对公共服务的支出等；第二，用作资本形成，增加使用者的资产，例如，企业购买的生产设备、新建的厂房等；第三，出口到国外，满足国外需求，包括各种货物出口和服务出口。

那么粉笔作为教师传授知识的工具，属于中间产品还是最终产品呢？

很多同学可能认为粉笔是最终产品，因为它已经制造完成了。很抱歉，这些同学再次掉进了"重复计算"的陷阱。作为教师传授知识的工具，粉笔在教师进行教育服务的生产过程中被消耗掉了，因此属于中间产品。但是，如果粉笔被住户买走用于居民消费（如小朋友在家画画用掉了），那么这部分粉笔属于最终产品。因此，一件产品属于中间产品还是最终产品并不是绝对的，而是取决于该产品在国民经济中的具体用途。

再看一下中间产品对生产成果统计造成的干扰。首先，以上述案例的钢材部门的生产为例，钢材部门生产过程中使用煤炭部门10亿元的产品，附加上本部门创造的40亿元的价值，生产出价值50亿元的钢材。这50亿元的价值并非全部是钢材部门的贡献，因为有10亿元的价值来自煤炭部门，钢材部门的真正贡献为40亿元。在生产成果统计时，产值会夸大一个部门的实际贡献。另外，从汽车的整个生产过程来看，煤炭、钢材、发动机作为中间产品已被消耗掉，其价值已经转移到汽车的价值中，因此对于中间产品的产值无须再作统计。

（三）国内生产总值核算的思路

找到重复计算的原因之后，国内生产总值核算的思路也就清晰了。我们需要做的是想办法摆脱中间产品的干扰，避免重复计算的发生。可从以下两个方向着手。

第一个方法，从各部门生产的产品的价值中扣掉中间投入品的价值，只计算本部门创造的增加值。该方法称为国内生产总值核算的生产法。

第二个方法，从各部门产品使用去向中扣除用于中间产品的部分，只计算离开生产系统的最终产品。该方法称为国内生产总值核算的支出法。

让我们再次回到上述案例，分别使用生产法和支出法对国内生产总值进行核算。生产法将生产过程中使用的中间投入品的价值从总产值中扣除，只计算增加值，因此生产法统计的国内生产总值即所有部门创造的增加值的合计：

$$10+40+450+1000=1500（亿元）$$

支出法只计算生产系统中最终产品的价值，因此支出法统计的国内生产总值即最终产品（汽车）的价值：1500亿元。

可以看出，支出法与生产法的核算结果完全相等，均为1500亿元。这说明国内生产总值的两种核算方法是等价的。[①]

在国内生产总值核算过程中，没有使用任何与中间产品相关的数据。并且，进入生产系统的价值（增加值）与从生产系统中最终出来的价值（最终产品的价值）完全相等。这是一个非常完美的国内生产总值核算框架。

（四）国内生产总值指标的局限性

国内生产总值指标在宏观经济管理和经济分析中发挥着重要作用，但国内生产总值指标只反映一国生产成果的情况，并不是衡量一国生活质量和幸福度的指标。国内生产总值指标本身存在较多局限性，此处主要谈以下两点。

第一，未考虑对环境的影响。生产可能产生负的外部性，例如，对环境产生污染，而这部分代价并没有反映在国内生产总值指标中。我国在经济快速增长的同时，一直重视对环境的治理和保护，绿色发展理念已深入人心。

第二，没有考虑收入分配的状况。国内生产总值指标仅仅反映一个年度生产出的"蛋糕"有多大，但并未反映"蛋糕"的具体分配过程。收入分配是经济循环中的重要一环，收入分配格局的改善有利于居民收入和消费的增长。我们如期打赢脱贫攻坚战，完成全面建成小康社会的历史任务，实现第一个百年奋斗目标，顺利开启全面建设社会主义现代化国家新征程。未来，应继续完善收入分配制度，扎实推进共同富裕。

---

① 实际上，国内生产总值还有第三种核算方法，称为收入法。其本质上也是对增加值的核算。该方法直接对增加值的构成细项（劳动者报酬、生产税净额、营业盈余、固定资产折旧）进行核算。

三、结语

请大家牢记经济统计工作者应具备的职业操守：不重复、不遗漏、实事求是地统计每一项生产成果。希望同学们在以后的工作岗位上能够坚守这一原则，以专业知识为指导，发扬实事求是的精神，充分展现经济统计工作者应有的责任与担当。

第22讲

分析消费情境　演练助农直播 [1]

张璐　北京财贸职业学院

引言

　　电商直播是一种深受青年消费群体青睐的新的营销模式，也是一支蓬勃发展的网络零售的重要新生力量。截至2022年6月，我国网络直播用户规模达7.16亿，较2021年12月增长1290万，占网民整体的68.1%。其中，电商直播用户规模为4.69亿，较2021年12月增长533万，占网民整体的44.6%。直播技术的不断进步和监管体系的日趋完善，持续推动网络直播各相关业态健康有序发展。

---

[1]　授课教材：王生辉，张京红. 消费者行为分析与实务（第二版）[M]. 北京：中国人民大学出版社，2019.
　　授课章节：第十章　情境与消费者行为。

160

▶ 主讲人介绍

　　张璐，北京财贸职业学院商学院讲师，毕业于澳大利亚昆士兰大学商学院。主讲《消费者行为分析》《广告策划》等课程，讲授内容涉及数字化营销场景下、智慧商业环境中线上、线下消费者行为分析及广告策略制定，以及现代商旅专业学生课程实践实训活动在乡村振兴背景下的探索。曾获2020年北京市职业院校技能大赛教学能力比赛高职组一等奖。所授课程被专家誉为"善于探索、勤于实践、勇于改变"的理实一体化课程，被学生称为"有趣、有效、有用"的"三有课堂"。

　　《消费者行为分析》这门课程是我校多个专业的职业核心能力课。本课程强调理论与实践的高度融合，理论学习以服务实践为最终目标。在讲授理论内容之前，教师先引导学生们完成一个他们感兴趣且与消费情境理论密切相关的实践环节——助农直播。根据同学们在直播实践中遇到的问题，如直播效果不理想和找不到红枣目标消费者的对应消费情境，教师有针对性地进行消费情境理论教学，也就是教学内容中的"分析消费情境"，这个环节就是"做中学"。在经历"做中学"之后，教师会引导学生修改实践方案，再一次通过直播实践来检验、完善消费情境的理论知识，实现"学中做"。这个"实践、理论、再实践"的过程，为同学们创造了把理论应用于实践的机会，能够更好地激发同学们的内在学习动力。

　　马克思曾经讲过，哲学家们只是用不同的方式解释世界，而问题在于改变世界。通过小小的"助农直播"演练，同学们尝试用自己的方式和力量，洞察消费市场、影响消费者行为，这也算是对世界的一点小小的改变。

一、理解任务背景

（一）红枣之乡新生活

随着生活质量和消费水平的不断提高，消费者越来越重视营养和健康。红枣被称为"天然维生素丸"，营养价值高，滋补效果好，是很多消费者青睐的食品。新疆是我国闻名遐迩的"瓜果之乡"，其特殊的气候及地理环境使当地出产的红枣品质上等、口感纯正。在今天的课程中，大家将要了解的就是一款来自新疆和田地区策勒县的红枣。策勒是维吾尔语，意思正是红枣。策勒是位于新疆最南端的一座县城，南接昆仑山，北连塔克拉玛干沙漠，被五大风口包围，年蒸发量是降水量的近80倍。历史上有三次因沙漠扩张而被迫搬迁，正所谓"沙进人退、风吹城跑"。策勒县一直是国家扶贫开发工作重点县，2017年又被列入全国深度贫困县。2020年11月14日，在全社会力量的帮助下，全县7.92万贫困人口全部脱贫，策勒县终于摘掉贫困的帽子。脱贫只是策勒人民奔向美好生活的一个新起点。今天的这节课我将和大家一起分析红枣的"消费情境"与消费行为的关系，针对电商直播确定有效的营销策略和方法，帮助策勒红枣拓展消费市场、增加可持续性收入。

（二）企业调研来帮忙

合作企业新疆某果业公司电商后台的一组数据显示，在一个月中，18—25岁年龄段用户的商品访问量仅占总商品访问总量的13.51%，然而这部分青年消费者却贡献了24.37%的购买率。由此可见，青年消费群体对红枣的关注度虽然不高，但实际购买能力强。加之这一年龄段的消费群体的社交传播和裂变分享能力都很强，因此具有很高的用户价值，是策勒红枣的重要潜在消费群体。如何关注这一重要群体，挖掘他们的消费潜力，更好地推荐策勒红枣呢？

（三）电商直播做载体

电商专业的同学提出疑问："老师，我们最了解青年人，让我们试着用电商直播的方式把策勒红枣推荐给青年消费群体，好不好？"当然好！我们的目标就是以电商直播为载体，应用情境对消费行为的影响，助力策勒枣农致富奔小康。

说到电商直播，各位同学一定不陌生。这种方式通过线上直播平台边播边卖，裂变拉新，即时达成销量。电商直播是一种深受青年消费群体青睐的新的营销模式，也是一支蓬勃发展的网络零售的重要新生力量。

二、初探助农效果

我们先来看看电商专业的美琪同学是怎么设计红枣销售直播的。

> 大家好，我是美琪。欢迎来到我的直播间。今天我要给大家介绍的是这款来自新疆和田地区策勒县的大枣。策勒地处沙漠边缘，风沙大，气候干燥，许多农作物都无法存活。这个地方曾经是国家扶贫重点县。不过有一样农作物不但在这里长得很好，品质还特别高，它就是策勒红枣。这个红枣在策勒县的脱贫攻坚战中可是立了大功的。你看这个枣，个头有多大，厚厚的全是果肉。大家都知道，新疆的昼夜温差很大。所以这个枣真的好甜好甜。一口咬下去，口感软糯，满满的都是甜蜜。而且今天我们直播间的优惠力度特别大。全场红枣5.5折。这么优惠的价格，朋友们，你们还在等什么？快快抢起来吧！

美琪同学在直播里向大家介绍了红枣的产地、口感和价格。看完这段视频，同学们有没有心动，会不会在直播间下单呢？要想知道同学们对于这段直播的真实感受，还得依靠调查研究这个有效工具。课前，我们针对这段视频播出后消费者的"购买心动指数"作了调研。

大部分同学看完视频后的"购买心动指数"是两颗星，还有一些同学选择了一颗星。不能下决心马上购买的原因是什么呢？

同学甲说："老师，我坐的地方离主播有点远，模模糊糊没看清产品。"

同学乙说："老师，我倒觉得这红枣还不错，先加购了，待会儿比比价再说。"

同学丙说："老师，我也知道红枣是个好东西，可是总想不起来吃。"

同学丁说："老师，我比他们都心细，我看到美琪后面那个礼盒包装太大了，拿回家我也没地方放。"

三、分析消费情境

（一）探寻消费情境类型

同学们不愿意马上下单的原因涉及一个影响消费者行为的重要的外部因素——消费情境。消费情境是指消费或购买活动发生时，个体，也就是消费者，所面临的短暂的环境因素。它并非由产品引起，却能和产品共同影响消费者以及消费者的购买决策。按照消费的过程，消费情境可以分为四类，即沟通情境、购买情境、使用情境和处置情境。

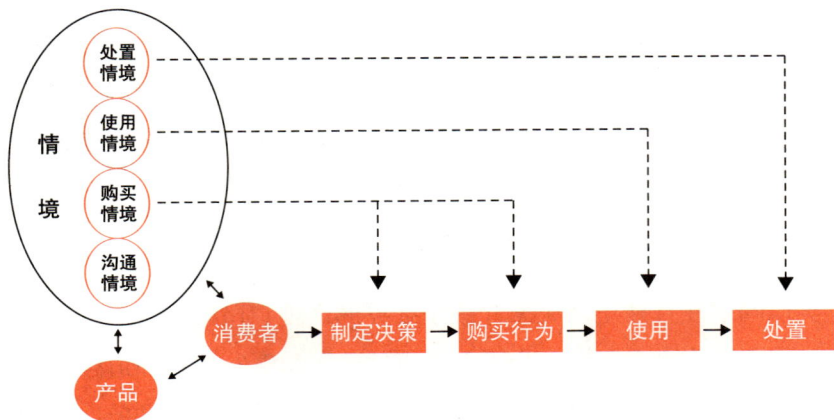

图22-1　消费情境的类型

回想刚才同学们不购买红枣的原因。"离主播太远，没看清红枣"反映了消费者接收信息时的情境，即沟通情境。收看直播时环境嘈杂、画面质量不好等问题，会导致消费者不能接收有效信息。"好像还不错，购物车里先待一待"涉及消费者购买产品或服务时所处的状态，即购买情境。直播间没有让消费者怦然心动的促销，让其下定决心就在此刻购买，这是购买情境中消费者的反应。"红枣是挺好，可却不知啥时候吃"表现了消费者使用产品的时机或状态，即使用情境。"礼盒有点大，我家阳台可塞不下"反映了产品使用前后消费者必须处置产品或包装的情境，即处置情境。产品的处置情境会在很大程度上决定消费者是否再次购买和购买频率。

情境被形象地称为"一分钟的力量"，在不同情境下，人们会有不同的消费行为。深入地理解从而进一步巧妙地创设情境，能为产品和消费者之间搭起双向沟通的桥梁，帮助消费者作出适合自己的购买决策。直播间这个场景，是集沟通情境与购买情境于一体的综合消费情境。

（二）洞察情境构成因素

每类消费情境都由特定的情境构成因素组成。这些情境构成因素是分析消费行为的有效切入点。针对"在直播间这个场景中，有哪些情境因素可能影响你们的消费行为"这个问题，5名同学给出不同的答案。

回答人	回答内容
学生 1	手机信号有点差，画面卡顿真苦恼。
学生 2	和好朋友看直播，互相推荐买得多。
学生 3	限时秒杀真划算，不假思索来下单。
学生 4	长辈好礼直播选，有礼有面还实惠。
学生 5	兼职工资刚下发，直播间里来助农。

图22-2 直播中的情境因素

心理学家贝克在情境理论中，提出17个影响消费者行为的情境变量。我们将其归纳为五类情境因素：环境因素、社会因素、时间因素、任务因素、状态因素。

"手机信号有点差"属于环境因素，除了直播间的画面卡顿，环境因素还包括线下卖场中颜色、气味、音乐、拥挤状态等能够唤起用户感受的其他因素。"和好朋友看直播"属于社会因素，它是指消费者在人际情境中受到的影响，比如在不同社交场合、服务人员和同伴给消费过程带来的影响。"限时秒杀真划算"属于时间因素，是一种涉及时间对消费者行为影响的情境因素，比如消费的季节、时间的压力。"长辈好礼直播选"属于任务因素，这种情境因素是指消费者购买产品或服务的理由和目的，这个理由需要市场来不断丰富。"兼职工资刚下发"属于状态因素，它是指消费者在消费过程中的短期心理状态和情绪。

从上述消费行为被情境影响来看，消费行为往往不是既定的，而是现场性的、适应性的、易变和可操控的，容易受到以上五类情境因素的影响。因此，需求为里，情境为外，既要深入挖掘消费需求，也要积极创设具有即时驱动性的消费情境，两者共同作用，才能对消费行为起到正向作用。

（三）运用情境重构直播

回到策勒红枣直播助农的这个问题上，如何从挖掘消费需求和创设消费情境两个方面入手，对直播作出改进呢？

以大学生为代表的青年消费群体在购买红枣时的主要需求是什么呢？换句话说，策勒红枣在直播销售中应该针对不同市场细分下的青年消费者的哪些需求进行营销？

同学甲说："老师，我平时追剧、看电影的时候喜欢吃零食，可是想吃又怕胖。我觉得红枣健康又美味，推荐给喜欢追剧的年轻人一定会受到欢迎。"

同学乙说："多吃红枣气色好，红枣可以卖给青年人中的颜值担当。"

同学丙说："我们经常为买礼物的事情伤脑筋。我爷爷最近胃不舒服，我买一些红枣送给他，做一个敬老孝亲的行动派。红枣作为礼品是不错的选择。"

分析不同市场细分下的消费者需求，再回顾刚才学习的五种情境因素，直播可以改善以下几点：针对"追剧达人"同学甲，可以在直播中强调"红枣美味又健康，解馋还不长胖"；针对"颜值担当"同学乙，可以在直播中着重说明"吃红枣以内养外，吃出好气色"；针对"贴心暖男"同学丙，可以夸奖他们是"敬老孝亲的行动派"。在直播间这个环境中，针对三类不同细分市场下的消费者，都可以借助"限时抢购"这一时间情境因素，为直播间的成交量营造一定的时间压力。

调查研究消费情境和市场细分后，同学们归纳总结了针对不同青年群体的策勒红枣利益点，推演相应的直播话术，形成策勒红枣针对青年群体的"情境—市场细分"矩阵。

四、演练直播带货

大家好，我是美琪。不知道你们是不是和我一样，平时追剧的时候就喜欢吃零食，吃完我就后悔，因为很多零食都不健康。今天我就给大家带来一款既美味又健康的零食——策勒红枣。追剧的时候吃着红枣，就再也没有负罪感了。朋友们快快囤起来吧！爱美的女孩子们注意了，经常熬夜气色会特别不好，光靠护肤品是不行的。建议你们早睡早起的同时每天吃三个枣。想要气色好，要以内养外，才能气色红润，美丽又自然。贴心暖男们看过来了，端午节快到了，你们是不是在为给长辈买什么礼物发愁？红枣滋补又健康，每逢佳节送给长辈，保证大家都夸你是敬老孝亲的行动派。另外，再告诉你们个秘密，在女朋友特殊时期，买一包红枣给她，简简单单泡一杯红枣茶，比让她多喝热水有用。今天我们直播间的优惠力度特别大，全场红枣5.5折。这么优惠的价格，数量有限，现在倒数计5，4，3，2，1，上链接。朋友们，你抢到了吗？

看完美琪同学的第二段直播演练，你们的购买心动指数有没有提高呢？课前调研数据显示，加入情境因素，大部分同学的心动指数从2颗星升至4颗星。

情境能够有效链接目标顾客，是解决目标消费者"痛点"的一种可能性。比如，红枣为贴心暖男解决了不知道给长辈、朋友送什么礼物的"痛点"。情境能够生动地传达市场定位。在情境中，品牌或商品的价值能够以更生动、形象、有魅力的方式展现出来，因此可以更有针对性地吸引顾客。情境能引发消费者价值主张。情境思维不同于产品思维，而是一种以用户需求为中心的思维，它反映了消费者的实质需求。

五、实践成就自我

在分析消费情境、演练助农直播之后，同学们利用刚刚过去的几天时间，在春天的校园里开展了一场场生机勃勃"助农直播"实践活动。他们学以致用、爱心助农，他们情系策勒枣农，助力乡村振兴。凭借团队的力量，我们的三组同学在直播实践中连续三天分别取得单场直播销量2111元、2293元、2365元的助农战绩。

这些同学大多数从小生活在大城市，生活和学习的环境都很好。通过这次实践活动，他们开阔了视野，了解到国情民情，感受到和田枣农通过劳动获得美好生活的喜悦，也体会到枣农在劳动中的辛苦。他们用自己的专业力量携手枣农走向美好生活，实现了社会价值。他们在助农过程中了解到党和国家的付出，通过躬身参与乡村振兴进一步校准人生目标。

同学们，你们来自不同专业，将来也会走向不同岗位。但无论学习什么专业、从事什么工作，希望你们做一个有思想、有技能，心中有爱、情系国家，对社会有用的人。

第23讲

加强舞弊审计 [①]

王茂林　首都经济贸易大学

引言

　　《中国注册会计师审计准则第1141号——财务报表审计中对舞弊的考虑》规定，舞弊是指被审计单位的管理层、治理层、员工或第三方使用欺骗手段获取不当或非法利益的故意行为。从定义可知，舞弊往往是蓄谋而成、故意为之的，隐蔽性较强是重要特征。舞弊往往意味着企业管理机制存在缺陷，其背后可能隐藏着更多问题。

---

① 授课教材：袁小勇，陈郡. 审计学 [M]. 北京：首都经济贸易大学出版社，2018.
　　授课章节：第五章　审计业务承接。

▼ 主讲人介绍

　　王茂林，首都经济贸易大学会计学院副教授，主讲审计学、内部控制理论与实务、审计理论研究等课程，曾获北京市青年教师教学基本功大赛二等奖、首都经济贸易大学青年教师教学基本功大赛一等奖、本科课堂教学效果一等奖、教学新秀奖等荣誉，参与编写的教材和主讲课程审计学曾获2019年北京市优质教材、2020年北京市优质课程。

　　企业为什么要舞弊，它的内在动机是什么？一名注册会计师，如何发现企业的舞弊行为？

　　股东聘请管理层经营公司，那么管理层在企业经营过程中是否很好地履行责任，是否给企业带来价值的提升，往往需要通过编制并披露财务报表来体现。但是财务报表是否合法、公允地反映了企业的财务状况、经营成果和现金流量？是否反映出管理层履行责任的情况呢？此时股东需要聘请既具有专业性又具有独立性的第三方注册会计师来对报表进行鉴证，这就是审计。注册会计师报表审计的过程，也就是常说的查账，查财务报表中是否存在错报，而报表中的错报主要来自两个方面，一个是错误，另一个是舞弊。错误一般是无心之过，不小心犯的错，对于注册会计师而言是很容易发现的；而舞弊则是有心之失，故意为之，注册会计师的审计难度较大。关于错误和舞弊的区别，我们的祖先在《弟子规》中早已给出解释："无心非，名为错，有心非，名为恶；过能改，归于无，倘掩饰，增一辜。"无心之过称为错，若是明知故犯，有意犯错便是罪恶。知错能改，错误自然就会减少消失。如果拒不承认，还加以掩饰，那就是错上加错了。

　　对于舞弊而言，在现代资本市场中，不仅会受到道德谴责，甚至会受到法律的制裁。《中国注册会计师审计准则第1141号——财务报表审计中对舞弊的考虑》规定，舞弊是指被审计单位的管理层、治理层、员工或第三方使用欺骗手段获取不当或非法利益的故意行为。不难看出，舞弊往往是蓄谋而成、故意为之的，同时隐蔽性较强。注册会计师在审计舞弊时，常常存在较大的困难。

一、舞弊三角模型

舞弊三角模型理论认为，企业发生舞弊必须同时具备三个条件：动机／压力、机会和合理化（合理化也被称为态度或借口）。就像燃烧一样，必须同时具备一定的温度、燃料、氧气，燃烧才能发生。缺少上述任何一项要素都不能真正形成企业舞弊，这就是舞弊三角模型。

第一，动机／压力。这是舞弊发生的首要因素。假设你是企业的管理层，今年面临着股东大会制定的较高的业绩要求，但临近期末业绩没能达标，此时存在通过不恰当的业绩造假以满足要求的可能性。第二，机会。机会是能够实现舞弊的条件，比如，当管理层有动机去进行报表造假或侵占企业资产时，如果制度是铜墙铁壁，舞弊很难实现，而如果企业内部控制存在缺陷，公司管理机制不健全，就会给舞弊行为以可乘之机。第三，合理化，也就是态度或借口。意思是说人们能够心安理得地舞弊，比如，当管理层有经济方面压力，同时企业的管理机制不健全给予舞弊机会时，如果他是一个正直的人，在利益面前能够把控自己，坚持做人底线，舞弊并不会发生；但如果在上述条件下，管理层自身又认为舞弊是合理的或者无所谓的，"公司欠我的，这样做才公平"，或者认为"大家都这么做，应该没问题"，此时就很容易发生舞弊。

在某电视剧中，女主人公是当地银行负责贷款审批发放的职员，在发放贷款过程中以收取居间费的方式侵占资产，作出舞弊行为。请问女主人公收取居间费的舞弊行为的因素——动机／压力、机会和借口分别是什么？

　　首先，女主人公谈到自己来自农村，经济条件不好，不想被人瞧不起，想过好日子，住大房子，感觉有钱花是很好的事情，这些都构成了她舞弊的动机／压力。其次，女主人公之所以有机会实施舞弊，是因为一方面，她是贷款审批人，有职务的便利；另一方面，她谈到大家都收取居间费，说明该银行存在管理机制缺陷和漏洞，给了舞弊以可乘之机。最后，女主人公说收取居间费是行业潜规则，这笔钱贷款人将来会还，还回来就没事了，这就实现了对舞弊行为的自我合理化。因此，舞弊三角模型形成，促成女主人公的舞弊行为。

二、舞弊三角模型的应用

　　在我国当前的审计监督体系中，包括国家审计、企业内部审计和注册会计师审计在内，都特别关注舞弊审计，因为舞弊行为涉及私设小金库、挪用公款、财务信息造假等导致的国有资产流失、企业信息失真等问题，对国家、企业和投资者的危害极大。政府及有关部门分别制定相关政策，约束企事业单位、行政管理部门相关人员的行为。习近平总书记在中央审计委员会第一次会议上强调，要落实党中央对审计工作的部署要求，加强全国审计工作统筹，优化审计资源配置，做到应审尽审、凡审必严、严肃问责，努力构建集中统一、全面覆盖、权威高效的审计监督体系，更好发挥审计在党和国家监督体系中的重要作用。

　　习近平总书记在十九届中央纪委四次全会上指出，一体推进不敢腐、不能腐、不想腐，不仅是反腐败斗争的基本方针，也是新时代全面从严治党的重要方略。

　　从舞弊三角模型理论来看，"不想腐"从动机的角度对腐败行为进行限制，"不能腐"从制度建设方面不给腐败以可乘之机，"不敢腐"则从态度方面不允许给腐败行为找借口、找理由。因此，一体推进不敢腐、不能腐、不想腐的有效机制就是从根本上遏制舞弊行为。

三、舞弊的危害及防范措施

舞弊行为会给国家、人民、企业带来极其严重的危害。近年来，中国资本市场发生了一系列典型的舞弊案例，扰乱资本市场的秩序、会计行业的秩序，给企业的价值和利益相关者带来了损失，审计人员在企业审计过程中也发现官员舞弊的行为。这些官员因为一时的贪念，不仅葬送了自己的前程，更给国家和人民的利益带来严重的损害。

因此，如何防范舞弊成为我们重点关注的内容，不仅要靠制度约束，而且要弘扬诚信文化。中国自古以来就有以诚为本、以和为贵、以信为先的优良传统，社会主义核心价值观也强调敬业、诚信。无论是企业管理者还是注册会计师都应该讲诚信，以诚信为本。企业层面，近代有名的晋商、徽商和潮商，都把诚信作为企业经营理念的重要内容，当代企业也大多将诚信写入企业文化。管理者有责任建立良好的审计环境，遵守相关政策，以保证有序有效地开展业务活动。企业高管要以身作则，要建立强有力的反舞弊机制，建立举报投诉机制，从企业文化和环境治理方面、制度建设方面对舞弊零容忍。从会计师事务所的层面来看，注册会计师专业的同学们，如果将来你成为事务所的合伙人或者是一名注册会计师，当你面临被审计单位的舞弊行为时，应按照准则规定实施审计工作，强化职业怀疑精神，合理运用职业判断，提升舞弊审计技术，运用好知识、技能和经验，加强事务所的质量管理，坚决打击注册会计师与被审计单位之间的串通舞弊行为。

四、结语

本讲学习了舞弊的定义，重点关注舞弊三角模型，以及如何从企业和事务所的层面防范舞弊、加强舞弊审计。希望同学们在今后的学习和工作中，提升自身的能力和水平，将来无论是从事财务工作还是审计工作，无论是做账还是查账，都能够坚守职业道德底线，对舞弊说不。

第24讲

事件的独立性 [①]

李娜　北京科技大学

引言

　　小概率事件在一次试验中发生是偶然现象，但在大量独立重复试验中是必然发生的。只有正确认识偶然和必然的关系，才能更好地指导工作和生活。"概率论和数理统计"作为研究随机现象及其统计规律的一门学科，在教学中有很多值得挖掘的思政元素。高校基础课教师应不断探索与创新教学方式，引导学生承担社会责任。

---

①　授课教材：孙振绮，丁效华. 概率论与数理统计 [M]. 北京：机械工业出版社，2017.
　　授课章节：第一章　随机事件与概率，第四节　条件概率及事件的独立。

▶ 主讲人介绍

李娜，北京科技大学数理学院副教授，数学教研工作室主任，毕业于北京科技大学应用数学专业，主讲概率论与数理统计、线性代数等课程。曾获全国五一劳动奖章、全国高校青年教师教学竞赛理科组一等奖、北京市高等教育教学成果奖二等奖、北京市高校青年教师教学基本功比赛优秀指导教师奖、北京市高等学校青年教学名师称号。所在工作室获得全国工人先锋号、北京市工人先锋号、北京市三八红旗集体、北京高校优秀本科育人团队等集体荣誉称号。

一、事件的独立性

如果盒子里有两个小球，一红一白，取两次，记事件 A 表示第一次取到红球，事件 B 表示第二次取到红球。

请同学们思考：事件 A 和 B 的概率是多少？对，有同学注意到题目并没有强调抽取方式是放回还是不放回。其实根据我们之前学过的，这时两个事件的概率都是1/2。那么这两个事件独立吗？

不依附，不隶属，怎么理解这一概念呢？ A 事件的发生会不会影响 B 事件的发生呢？这时就需要考虑抽取的方式了，如果不放回，很显然有影响。

如果是放回，A 事件的发生不会影响 B 事件的发生。此时，A 发生条件下 B 发生的概率还是1/2，也就是 B 的概率。从条件概率等于无条件概率可以看出，A 发生对 B 发生的概率毫无影响，这就说明了第二次取到红球的概率不受第一次取到红球的影响，B 是独立于 A 的。那么，A 也独立于 B 吗？这种关系是相互的吗？如果 A 事件的概率是零，它和其他事件的独立怎么定义？

设 A、B 是两个事件，如果满足等式：$P(AB)=P(A)P(B)$，则称事件 A、B 相互独立。

如果第一次取到红球（记为事件 A）和两次取到的球颜色不同（记为事件 C），这两个事件是独立的吗？

它们的发生是互不影响的吗？如何来判断独立呢？一个方法是依据条件概率等于无条件概率，另一个方法是通过计算两个事件 A 和 C 的概率以及 AC 同时发生的概率。不难发现，它们是相互独立的。

那么，这两个事件的对立事件是否相互独立？

事件的独立性

◆　**两个事件相互独立**　　　　$P(AB)=P(A)P(B)$

1　设 $P(A)>0$，则 A 与 B 相互独立。　⇔　$P(B|A)=P(B)$

2　设 A 与 B 相互独立，则 A 与 $\bar{B}$，$\bar{A}$ 与 B，$\bar{A}$ 与 $\bar{B}$ 相互独立。

3　设 $P(A)P(B)>0$，
　则 A, B 相互独立与 A, B 互不相容不能同时成立。

图24-1　事件独立性的性质

通过计算可以判断，它们也是独立的。如果 A、B 相互独立，它们的对立事件之间也存在相应的独立关系。

除了这节课介绍的独立之外，前面我们还学过事件之间的关系，比如对立、互不相容，那这些关系和独立之间有联系吗？对立和互不相容是事件之间从集合角度存在的关系，互不相容事件的积事件为不可能事件，发生的概率为零，所以一般情况下，如果两个事件的概率都不是零，相互独立和互不相容是不能同时成立的。

盒子中有两个大小相同的小球，一个红色，一个白色，每次取一球后放回盒中，一共取两次。

事件 A：第一次取到红球；

事件 B：第二次取到红球；

事件 C：两次取到的球颜色不同。

两两之间都是相互独立的。那么，这三个事件相互独立吗？不难看出，A、B 发生时，C 一定不会发生，这时，A、B 和 C 是互不相容的，所以它们一定不独立。

（1）$P(AB)=P(A)P(B)$

（2）$P(AC)=P(A)P(C)$

（3）$P(BC)=P(B)P(C)$

对于三个事件之间的独立，我们定义满足（1）（2）（3）式时称作两两独立。同时满足三个事件的积事件概率等于事件概率乘积时，才可以称这三个事件相互独立，即 $P(ABC)=P(A)P(B)P(C)$。

从定义中不难发现，相互独立一定两两独立，但是反之不然。继续将独立推广到 n 个事件。满足两两独立，三个事件相互独立，直到 n 个事件都满足积事件概率等于事件概率的乘积，此时称这 n 个事件是相互独立的。因此，对于独立事件来说，积事件的概率计算就得到简化，可以直接用事件概率的乘积来计算。

在实际应用中，大多数情况都是根据实际意义或者试验过程的互不影响来判断是否独立，比如扔硬币、掷骰子、评委打分、学生考试等，都可以认为它们之间是相互独立、互不影响的。

有了独立性，可以简化积事件概率的计算，对于和事件的计算也得到相应的简化。根据对偶律，得到一组相互独立的事件的和事件概率计算公式：

$$P\left(\bigcup_{i=1}^{n} A_i\right) = 1 - (1-p)^n$$

二、独立性的应用

山东舰是中国第一艘完全自主设计、自主建造、自主配套的国产航空母舰，彰显了我国的工业实力。舰上搭载的1130近防炮，1分钟能发射约1万发炮弹，一秒钟大约166发。结合今天学的事件的独立性，可以思考其中的一个概率问题。

假设每发炮弹命中导弹的概率是4‰，如果同时发射166发，并且能否命中互不影响，至少有一发命中的概率是多少？

根据已知"互不影响"，我们可以用独立事件和事件的概率计算公式来求解。

记 A：导弹被命中；

A_i：第 i 发炮弹命中导弹，$i=1$，2，3，……，166

有 $A=A_1 \cup A_2 \cup \cdots\cdots \cup A_{166}$，$A_1$，$A_2$，……，$A_{166}$相互独立，

$p=P(A_i)=0.004$，$i=1$，2，3，……，166

则 $P(A)=P(A_1 \cup A_2 \cup \cdots\cdots \cup A_{166})$

$$=1-(1-P)^{166}$$

$$=1-(1-0.004)^{166}$$

$$\approx 0.4859$$

经过计算，这个概率等于0.4859。4‰的小概率，独立重复166次，至少发生一次的概率就达到近50%。

如果希望让这个概率达到99%，至少要同时发射多少发炮弹呢？

记 A：导弹被命中；

A_i：第 i 发炮弹命中导弹，$i=1$，2，3，……，n

有 $A=A_1 \cup A_2 \cup \cdots\cdots \cup A_n$，$A_1$，$A_2$，……，$A_n$ 相互独立，

$p=P(A_i)=0.004$，$i=1$，2，3，……，n

$P(A)=1-(1-p)^n$

$$=1-(1-0.004)^n$$

$$=1-0.996^n$$

$1-0.996^n \geqslant 0.99$

则 $n \geqslant \lg 0.01 / \lg 0.996 = 1149$

在独立的条件下，小概率事件经过大量重复后至少发生一次的概率大大增加。

在我国科学家的不断努力下，我国自主研发的近防炮从730到1030，再到威武霸气的1130，在射程、射速、杀伤力上都有很大的提升，可以通过雷达控制，自动向来袭的导弹射击，有效拦截超音速的导弹。

由上述案例可知，在相互独立的条件下，4‰的小概率事件在大量重复后几乎一定会发生。这就是概率论中的"小概率事件必然发生"。小概率事件在一次试验中发生是偶然现象，是不确定的，但在大量独立重复试验中至少发生一次就是必然的。

只有正确认识偶然和必然的关系，才能更好地指导工作和生活。就像墨菲定律所阐述的，我们要防患于未然。

三、结语

习近平总书记在全国高校思想政治工作会议上强调，要把立德树人作为中心环节，要用好课堂教学这个主渠道，把思想政治工作贯穿教育教学全过程，实现全程育人、全方位育人。"概率论与数理统计"课程作为研究随机现象及其统计规律的一门学科，在教学内容中有很多值得挖掘的思政元素。以我国自主研发的1130近防炮为切入点，学习"小概率事件必然发生"原理，并从中感悟我国的工业实力和军事实力，引导学生承担社会责任，这是高校基础课教师不断探索与创新的教学方法。

第25讲

穆桂英挂帅

张晶　中国戏曲学院

引言

　　"学艺先学德，做戏先做人。"当代文艺青年应努力学习和自我教育，和京剧中的英雄人物一样拥有博大的胸怀，用科学的创作方法，博采众长，融会贯通，在京剧舞台上塑造有血有肉的人物。

▶ 主讲人介绍

　　张晶，中国戏曲学院教授，国家一级演员，硕士生导师，北京梅兰芳艺术基金会理事长、中国戏剧家协会会员。从师姜凤山、贾世珍、沈小梅、刘秀荣、李金鸿、蔡瑶铣、孟宪蓉等前辈，1995年拜著名京剧表演艺术家梅葆玖先生为师，是梅派第三代传人。演出教学剧目有《玉堂春》《红鬃烈马》《霸王别姬》《贵妃醉酒》《四郎探母》《宇宙锋》《黛玉葬花》《生死恨》《洛神》等，创作主演的《梅兰霓裳》在2014年艺术节中展演。多次在央视《跟我学》节目中授课。曾获国家级教学成果二等奖、北京市教育教学成果一等奖，所授课程获得国家级精品视频公开课称号，发表多篇教学论文并创作多部剧目教材。

一、《穆桂英挂帅》的时代背景

《穆桂英挂帅》这出戏来自传统戏曲《老征东》，也叫《杨文广夺印》，是京剧艺术大师梅兰芳先生晚年的代表剧目。1959年5月25日，《穆桂英挂帅》在人民剧场首演，同年时任中国京剧院院长、北京梅兰芳京剧团团长的梅兰芳先生光荣地加入中国共产党，10月初，在举国欢庆之际，《穆桂英挂帅》作为国庆十周年献礼在北京公演。这出戏激励着国人团结奋进，共渡难关，体现梅兰芳先生崇高的思想境界和艺术观。后来，这出戏在天津连演十场，每一场都座无虚席。

该剧讲述的是北宋时期的故事，西夏进犯中原，宋王决定通过校场比武挑选元帅领兵抵抗，杨家小将杨文广在校场刀劈王伦，夺得帅印归来。穆桂英深憾于朝廷对杨家将的寡恩薄义，不愿挂帅出征，经佘太君劝导，重新燃起她一腔报国热情，乃毅然誓师挂帅，慷慨出征。

二、《穆桂英挂帅》的艺术特征

这部剧有以下艺术特点。首先，穆桂英是青衣行当，在传统的京剧里，穆桂英已经年近花甲，所以是青衣的扮相，梳大头，点翠头面，线帘子。穆桂英穿的是绛红色团花披，代表人物有一定的身份和地位。其次，艺术方面是跨行当的运用，由青衣穿梭成刀马旦，时空变换，穆桂英由花甲之年穿越到20多岁。最后，文戏武唱也是该剧的一大亮点。《捧印》是全剧的主要场次，唱得多，动作表情多，思想转折多，穆桂英随着剧情发展而逐步深入的内心活动分为"挂念""愤慨""怨诉""奋发"等阶段。

这出戏的综合性艺术特征体现为唱念做表。"九锤半"的锣鼓多为表现京剧武戏中的武生或花脸，梅兰芳先生在《穆桂英挂帅》当中加入锣鼓"九锤半"，增添了武戏氛围，突出穆桂英的武将身份。

"一家人闻边报雄心振奋，穆桂英为报国再度出征。二十年抛甲胄未临战阵，难道说我无有为国为民一片忠心。"

京剧的吐字讲湖广音、中州韵，所以会有人说听不懂。上面这一段的唱词中，雄心的"心"和一片忠心的"心"就是字头产生变化，是尖字；穆桂英的"英"、"出征"、"说我"是上口字。了解了京剧的吐字规律，京剧其实并不难懂。唱完"未临战阵"，就是梅兰芳先生创作的"九锤半"表演。"九锤半"是京剧中的一种锣鼓经，为无台词的表演，多是表现剧中人物思想混乱时的思考和犹豫。梅先生大胆借用武生、花脸等不同行当的身段，把穆桂英的飒爽英姿和巾帼英雄的形象展现得淋漓尽致。

京剧中的一招一式都独具匠心，配合人物的特点和心理活动，具有极高的审美艺术价值。比如，至"九龙口"处，锣鼓声渐强，穆桂英翻水袖亮相，她顿时穿越回想自己年轻时在战场上英勇杀敌的场景。随着锣鼓节奏转身提刀式、勒马亮相，表现穆桂英回想当年战场举刀骑马杀敌的威武英姿。接着，锣鼓转弱，穆桂英回到现实，边退边走，作三个"揽镜自照"式，自认两鬓斑白不再年轻，怀疑上阵杀敌力不从心，想到此处心中胆怯抖动双手，一声长叹。在面临小家与大家、亲情与责任的矛盾时，穆桂英毅然选择保家卫国。梅兰芳先生通过"九锤半"的表演，把穆桂英保家卫国再披战袍的爱国情怀表现得淋漓尽致。

三、结语

"有生之日责当尽，寸土怎能够属于他人。"这句唱词凸显了穆桂英的爱国情怀。学艺先学德，做戏先做人。艺德非常重要，是学戏的根本。当代文艺青年首先要学习梅兰芳先生的敬业精神，演出之前先深入了解穆桂英这个人物的故事，了解她的思想和心理活动。其次，要学习梅兰芳先生的创新意识，梅先生创作的一招一式、一词一句，都是为了更好地展现剧中人物特点。最后，要在剧中实现自我教育，和剧中的英雄人物有一样的情怀和境界，用科学的创作方法，博采众长，融会贯通，在京剧舞台上塑造有血有肉的人物。

情系三生　玉饰君子

——中国婚恋首饰 ①

郭颖　中国地质大学（北京）

引言

　　古人云："玉不琢，不成器。"玉雕是中国古老且具有代表性的传统工艺之一，是中华美学的重要载体之一，蕴含着中华优秀传统文化的精髓。以物言情、借物明智，从玉之德到君子之德，助力学生树立"处处思政、时时思政、人人思政"的理念与"终身学习"联系起来。

---

①　授课教材：郭颖. 料工器——玉的鉴赏与评价 [M]. 北京：高等教育出版社，2019.
　　授课章节：第三章　穿越中国的玉首饰器。

▼ 主讲人介绍

郭颖，中国地质大学（北京）珠宝学院教授、博士生导师，毕业于中国地质大学（北京）矿物学、岩石学、矿床学专业。主讲玉雕与玉器等课程，内容涉及玉石材料学、玉雕工艺学、玉器美学鉴赏等，授课过程中贯穿中国传统玉文化的传承。曾获第七届"全国优秀科技工作者"称号、"首都劳动奖章"、首届北京市高等学校青年教学名师奖、北京市高等教育教学成果一等奖、第七届北京青年教师教学基本功比赛文史组一等奖、第十一届北京青年教师教学基本功比赛优秀指导教师奖、北京高等学校优秀专业课（公共课）主讲教师、黄汲清青年地质科学技术奖教师奖，所授课程获北京高校"优质本科课程"。主讲两门国家精品视频公开课；出版教材5部、学术研究著作29部，多次受邀BTV、CCTV、CNR，传播珠宝知识，弘扬中华优秀传统文化。

说到爱情，每个人都不陌生，它是人类历史长河中永恒的主题之一。对于每一位年轻的男孩子、女孩子来说，传情达意都是一门必修课。从古至今，很多高手"贡献"了很多好办法。《诗经》中有这样一个故事："静女其姝，俟我于城隅。爱而不见，搔首踟蹰。静女其娈，贻我彤管。彤管有炜，说怿女美。自牧归荑，洵美且异。匪女之为美，美人之贻。"虽然叫静女，但她其实是个调皮的女孩，明明约了男朋友来见面，却玩起捉迷藏的游戏，让这位男孩着急。但是她又突然出现了，还送给男孩一个小礼物，男孩立刻喜上眉梢。他心里有两个字无限循环闪现——爱了。到底是什么礼物有如此神秘的力量？这就是一枚彤管。

除了赠送彤管这种小礼物外，从爱情的缘起，到情定、婚成，还有三种首饰必不可少，那就是手镯、发簪和同心锁。

一、缘起——手镯

手镯是指戴在手腕上的环形装饰物，多用金银等金属制成，因此，镯字是金字旁。后来，随着时间的推移，越来越多玉石被做成手镯，因此，手镯也被称为手环，而环字恰恰是斜玉旁。手镯各式各样，但又有共同点，因为手镯最早源自两种不同的礼器，也就是祭祀器的形制。

第一种是祭天的礼器——玉璧。玉璧在《道德经》里有"天子拱璧"之说，也就是天子在向上天表达敬意的时候，双手向上拱起。大的玉璧直径达一尺两寸，拿都拿不动。随着时间的推移，到了春秋战国末期，玉璧逐渐小型化，变成配饰，称为系璧。珠宝市场上经常可以看到的平安扣就是系璧的一种。在这个过程中，玉璧小型化，中间的孔越来越大，旁边的玉肉也开始立体化，就变成或平口或圆条的玉手镯。

第二种是祭地的礼器——玉琮。玉琮内圆外方，象征了中国古人天圆地方的宇宙观，在它逐渐扁平化的过程中，就形成琮式镯，或者外面有棱的圆形手镯。

不管是璧式镯还是琮式镯，它们的共同特点都是环而周，是闭合的玉质圆条器。这样的东西有什么用呢？在繁钦的《定情诗》里就有"何以致契阔？绕腕双跳脱"的说法，也就是男孩子、女孩子们在表达死生契阔的海誓山盟时，会用它来象征对爱情的坚定。

还有一种玉器长得跟它差不多，那就是玉玦。距今约8000年的兴隆洼文化遗址出土的玉玦是探索中国玉文化起源最宝贵的实物资料。距今5500年前的红山文化遗址也出土了类似的文物——玉猪龙。到了战国后期，玉玦的形制演变得和玉璧非常接近，只是环之不周，中间有一个缺口。

玉玦是什么含义呢？事实上，它代表着决断、决绝的意思。如果我们送人玉手镯，那叫缘起；如果不小心送了玉玦，那就是缘灭了。中华优秀传统文化博大精深，而且细致入微，形制上的微小不同却有天差地别的含义。不同的玉器在古代可以聘人以珪、问世以璧、召人以瑗、绝人以玦，反绝以环，这就是文化的深邃之处。

二、情定——发簪

簪是古人用于插定发髻或者连冠于发的一种长针。它可以用玉石一体雕成，也可以用金镶玉嵌的方法代表金玉良缘，还可以用点翠等工艺。

玉簪还有另一个实用的功能。《西京杂记》中有这样的记载：汉武帝宠爱李夫人，有一次取下李夫人的玉簪搔头，感觉非常舒适。从此，后宫的人皆用玉簪搔头。因此，玉簪在汉代有了另一个名称——玉搔头。玉簪并不仅仅是女性的饰品，男性同样可以使用，如杜甫在《春望》中写"白头搔更短，浑欲不胜簪"。

如果发簪可以预示着爱情坚定不移，那可以用两支或多支吗？两支及以上就被称为钗，玉钗、金钗的叫法就是视材质而定的。

如果在发簪或发钗中选择一个，你想要哪一个呢？有人觉得，既然"钗"是两根发簪组合而成的，那就意味着"好事成双"吧！然而，玉钗的寓意并非如此。

钗是妇女的一种首饰，由两股簪子合成，一般由珠翠和金银合制成花朵的发钿，连缀着固定发簪的双股针，使用时插在双鬓。钗不仅是一种饰物，还是一种寄情的表物。古代恋人或夫妻之间有一种赠别的习俗，女子将头上的钗一分为二，一半赠给对方，一半自留，待到他日重见再合在一起。单股为簪，双股为钗。白居易的《长恨歌》就有"钗留一股合一扇，钗擘黄金合分钿"，有拆合之意。钗的发音可能已经预示了它有慰别离的功用，所以它与发簪不大一样。如果感情很好，用哪个都一样，但是如果刚开始交往，一定注意不要用错。

当然，在汉代没有这么复杂，朋友之间，尤其是恋人之间相送的礼物很简单。"红豆生南国，春来发几枝。愿君多采撷，此物最相思。"小小的红豆，就能寄托相思之情，这个风俗延续至今。

夏明翰既是一名忠诚的共产主义战士，又是一位"文艺青年"。1926年，他与郑家钧结为夫妻，好友李维汉、何叔衡、谢绝哉送给他们一副婚庆对联——世上唯有家钧好，天下只有明翰强。1928年，夏明翰不幸被捕，当得知自己要被反动派杀害的前夕，他写下这样一封绝笔家书，第一句就用了这副对联的首句："亲爱的夫人钧：同志们曾说世上惟有家钧好，今日里才觉你是巾帼贤。我一生无愁无泪无私念，你切莫悲悲凄凄泪涟涟。张眼望，这人世，几家夫妻偕老有百年？抛头颅、洒热血，明翰早已视等闲。'各取所需'终有日，革命事业代代传。红珠留着相思念，赤云孤苦望成全，坚持革命继吾志，誓将真理传人寰！"这首诗大气磅礴而又悲壮，其中所说的赤云是他们的女儿夏赤云，红珠是指夏明翰当初给郑家钧的定情信物。当年赠送时，夏明翰写下"我赠红珠如赠心，但愿君心似我心"，潜台词是两人莫负相思意。和千千万万革命志士一样，夏明翰为了共产主义理想、为了中华民族复兴，不惜牺牲自己宝贵年轻的生命。临刑前他挥笔写下了那首气势磅礴的就义诗："砍头不要紧，只要主义真。杀了夏明翰，还有后来人！"

三、婚成——同心锁

临结婚前，双方要确定一下，也就是订婚。《诗源》里有一个故事，说文胄与邻妇姜氏相爱，文胄送姜氏一枚百炼水晶针作为信物，姜氏打开箱子，取出连理线，穿上双针，织同心结回赠文胄。著以长相思，缘以结不解，这样的同心结恰恰象征永结同心的意思。

从古代到现代，无论是古朴的玉石，还是西方工艺进入中国后所打造的各种首饰，都有结的概念。无独有偶，在古代的诗词和历史典故里，也有这些结的出现。北宋的林逋隐居西湖孤山，植梅养鹤，终身不娶，人谓"梅妻鹤子"。但就是这位隐士，写下情意绵绵的《长相思》："君泪盈，妾泪盈。罗带同心结未成，江边潮已平。"

　　同心结的寓意可以用其他物品表达吗？当然可以，那就是梳子，意为结发同心，以梳为礼。古时候，夫妻之间可以互送梳子，寓有白头偕老之意，结发订终身。有些地方还保留这样的习俗。女儿出嫁的早上，妈妈帮女儿梳头，一边梳一边说：“一梳梳到尾，举案又齐眉。二梳梳到尾，比翼共双飞。三梳梳到尾，永结同心佩。有头又有尾，此生共富贵。”美好的祝愿和对新人的期许，全在这梳的过程中。

　　婚成的代表首饰则是同心配。在古代，同心配是指“伉俪曾盟金石约，生死誓结同心锁”。把同心结和梳子的概念结合在一起，就表示两个人永远锁住同心，珠宝行业有一件产品就是把两颗心结在一起，意为你的心中有我，我的心中有你，而打开这两颗心的钥匙，就被做成小梳子的样子。就像卓文君在《白头吟》里所写：“愿得一人心，白首不相离。”

　　二人齐心，其利断金。如果很多人齐心要做一件事情，效果又会怎样呢？习近平主席多次在不同场合提倡“以诚相交、以心相交”。“以利相交，利尽则散；以势相交，势去则倾；惟以心相交，方成其久远。国家关系发展，说到底要靠人民心通意合。”以心相交者成其久远，做同甘共苦的好兄弟。从韩国到蒙古国，从俄罗斯到印度尼西亚，习近平主席访问各国，不断阐述“亲、诚、惠、容”的周边外交理念，得到到访各国的热烈响应。两个人之间要以心相交，国与国之间也要以心相交。面对历史之变、时代之变、世界之变，各国人民要携起手来，推动构建新型国际关系，构建人类命运共同体，共同建设更加美好的世界。

新中式风格设计解析

姜喜龙　北京联合大学

　　"中式"是指在中国传统文化特点影响下所形成的相应样式；"新"是指现代的生活和设计。因此，新中式风格就是中国传统文化特点在现代设计中的表现。新中式风格所表达的并不是表面的样式，而是一种思想和意境，文化与内涵。

▶ **主讲人介绍**

　　姜喜龙，北京联合大学艺术学院副教授，毕业于清华大学美术学院环境艺术设计专业。曾获北京高等学校优秀专业课（公共课）主讲教师称号，所教课程家具设计与工艺被授予"北京联合大学课程思政特色精品课程"称号。主讲住宅空间设计、家具设计与工艺等课程。在授课中结合当前社会需求及专业特点，将专业知识、实践技能和传统文化相结合，使学生在掌握设计规范、设计程序和设计方法及注意事项的同时，清楚行业特点，了解相关文化，提升设计内涵。

对于住宅空间的设计，人们首先会关注装饰风格。近年来有一种风格越发流行，这种风格就是新中式风格。可是对于新中式风格的具体做法和内涵，很多人并不了解，也不知道该怎么做，常常只是在作一些元素和符号的简单堆砌。那么什么是新中式风格？该如何去实现新中式风格呢？

一、新中式风格的认知

新中式风格，绝不是某些元素和符号的简单堆砌，其魅力体现在含蓄的高贵、简单的优雅、抽象的美感、哲学的味道。

新中式风格，包括中式风格特点、室内格调营造、主要空间形式、常用元素符号、专业设计手法、设计注意事项以及庭院景观设计等七部分内容，本讲主要介绍中式风格特点。

提到风格，我们大脑中会出现不同的类型，像欧式风格、美式风格、中式风格、地中海风格、巴洛克风格等，这些风格在表现方式与设计效果上有很大差别，每种风格都有其相应的特点。风格之间之所以有很大的差别，主要是因为每种风格背后的文化影响，不同的文化决定其相应的设计哲学、布局法则、设计手法、程式符号、常见元素和生活方式等。新中式风格形成其独有的特点，自然也是受到中国传统文化的影响，把传统文化的精髓应用到当今的设计之中。

二、新中式风格特点

（一）中式风格特点之一 ——重礼

《左传·隐公·隐公十一年》讲道："礼，经国家，定社稷，序民人，利后嗣者也。"这就告诉我们礼的重要性。

1. 规矩体现对称和次序的设计要求

中国自古以来就是礼仪之邦，倡导敬老爱幼、尊师重道、孝亲友邻，主张礼尚往来、先礼后兵，这都体现重礼的特点。

什么是礼呢？用今天的话说，礼就是规矩和章法。待人接物强调规矩，设计也一样。太和殿、天坛和孔庙等建筑都蕴含了浓重的端庄、肃穆感，给人以强烈的礼仪意识。这是通过明确主体与陪衬的关系，来突出主体的身份与地位，同时营造庄重典雅的氛围。这里采用的方式则体现礼仪文化的一个要求——居中为大。要体现居中为大，就对设计手法提出要求，这个手法就是对称。对称的手法自然也用在新中式风格的设计里面。在新中式设计当中，对称是无处不在的。从平面布局到立面形式，从进门玄关到沙发背景墙，常常采用对称的手法。

重礼的文化特点，在建筑的规则和色彩使用上也有所体现，先不说斗拱、梁柱，以及庑殿式或重檐式等屋顶形式，单纯瓦的使用就有很多讲究，琉璃瓦、筒子瓦、片瓦等都对应着不同的使用群体，不是随意使用的。色彩使用方面也同样讲究，在古代，城市色彩的使用讲究东青、西白、南朱、北黑、中央黄的设计规则，之所以有这些严谨的规定，就是因为对礼节和礼仪的看重。而这些规矩又给新中式设计提出了第二个要求——次序。

所谓次序，就是在室内空间的设计中分清前后主次、轻重缓急，尤其是背景和前景之间一定要清晰明确，所有物品必须各有各的位置，不能乱。在新中式设计中，体现井然有序的次序感是最基本的要求，这种要求就是传统文化重礼的体现。

2."龙生九子"体现相互配合的特点

龙的形象由驼首、牛鼻、蛇身、鹰爪、鱼鳞、鹿角等构成，集各种优点于一身，体现出博采众长的精髓。俗语云：龙生九子，各有不同，龙的每个儿子都在不同的场合发挥重要的作用。有的儿子需要望风，放在屋檐上叫嘲风；有的儿子喜欢看守，放在门环上叫椒图；有的儿子生性暴戾喜欢杀戮，放在剑柄上叫睚眦；有的儿子喜欢负重，放在石碑底下，叫赑屃；等等。这就表现出在以龙为中心，龙子之间相互配合，各自发挥长处、相互补足、相互配合的特点。

在设计中，一个空间里的物品并不是孤立存在的，家具与家具、饰品与饰品之间都要相互配合、遥相呼应，每个物品都有其应尽的职责。就像我们一样，每个人都有自己的工作和任务，每个人都要按规矩行事，各尽本分、各司其职，同时大家相互配合、协同做事，这样才能使各项工作更有效率，井然有序。

（二）中式风格特点之二——崇和

《论语·学而》中有："礼之用，和为贵。先王之道，斯为美。"这里告诉我们礼的运用是以和为贵。中华优秀传统文化特别重视和合二字，崇尚和平、倡导和睦、主张合作、追求和谐，在生活中我们也常说和气生财、家和万事兴。这就体现中国传统文化"崇和"的特点。

1. 从院落、园林以及绘画中学习框景的手法

在院落设计方面，不管是南方的土楼还是北方的四合院，都强调全家团聚、一团和气。在绘画方面，强调内外远近的关系，特别在山水风景画中，常采用借景的手法，把近树、中亭、深山、远云等相关元素结合在一起，形成整体统一的美学感受。这种崇和的方式营造了和谐的氛围。园林设计中也常使用情景手法，把门窗的样式做得像画框一样，有方形、圆形、八角形、葫芦形等样式，同时在后面打造一个小景观，或者通过漏窗把外面的景色纳进来。

把这种借景手法应用到新中式设计中，就是框景。我们会在很多新中式作品中看到圆洞，这就是采用框景的设计手法。不过，在新中式设计中使用圆洞，不要只看到它的元素和形状，而是要了解这个手法的目的和内涵，可以是圆洞，也可以是方窗、六边形等。框景的关键不只是框，还有它后面的景，二者要和谐地融为一体。

2. 从风水文化中感受和谐的追求

提到风水，很多人会把它当成迷信，这是由于很多所谓的"风水师"把它故意玄妙化、神秘化，甚至灵异化了，这是错误的。风和水都是自然的元素，风水体现的是对自然的尊重。风水最早称作堪舆学，均衡各种元素，以满足各方面和谐、稳定的最佳状态。比如，在为墓地选址时，常会选择背山面水的地方，而如果背靠的山有一些残缺，就会建塔补之，以求均衡。

风水文化体现对自然的重视，也是对和谐的追求。因此，新中式设计要体现和谐。色彩、材质、形式、图案，都要融入一个有机的整体，相互陪衬、相互补充，每一种形态和物品都不要孤立地存在。

3. 从东西方设计哲学差异上了解包容的特点

西方建筑常常强调一个独立的个体，尤其表现在教堂设计上。人站在高大巍峨的教堂下面，会显得非常渺小，再加上哥特式的收分尖角的顶部造型，把人的视线引入天空，让人感受自身的渺小，敬畏之感油然而生。教堂设计的重点是把单体建筑做好，不太考虑周边的关系。这体现出西方文化中对于个性的追求和看重。而中国古代建筑以间为单位，横向扩展，展现的是一个建筑群。以故宫为例，虽然单体建筑都不高，但整体却同样雄伟庄严，气势宏伟，体现了一个整体的关系，这也是崇和的内涵。

东西方的设计哲学在园林和景观设计中也体现出崇和与个性追求的差异。在西方的庭院和景观中，常出现修剪得整整齐齐的草坪，以及被修剪成几何形状、动物形状的树木，这体现出改造自然、战胜自然的设计哲学。而在中国园林中，我们看到的更多是移步易景、山环水绕的自然状态，这体现出中国古人顺其自然、融于自然的哲学思想。在水的应用方面，更直观地反映了两种理念的不同。中国园林中的水流体现对自然的尊重，常出现瀑布和跌水的形态。西方景观展示改造自然的成果，通过人为手段，设计出水往高处喷涌的状态，也就是喷泉的形态。我们学习设计，不能只看设计的结果和表象，更要看到其背后的哲学思想和设计文化。

这种崇和的文化特点，运用到新中式设计当中，所产生的另一个手法就是包容。

空间中可以有不同类型的物品，并保留不同物品各自的特点，但要把不同物品融入整个空间，注意比例要求，可以是百分之九十包容百分之十，不能是百分之五十包容百分之五十。包容的重点是融合，这样才能形成毫无违和感的整体关系。

（三）中式风格特点之三——写意

《战国策·赵策二》中有"忠可以写意"，"写意"意为公开地表达心意。作为一种艺术创作手法，指的是忽略艺术形象的外在逼真性，强调其内在精神实质。这种手法最初起源于绘画，兴起于北宋，要求在形象之中有所蕴涵和寄寓，让"象"具有表意功能或成为表意的手段。

1. 文人风骨体现为优雅和情怀

很多诗词歌赋都展现文人风骨，"宅从栽竹贵，家为买书贫""宁可食无肉，不能居无竹"等，都表现出文人的内心追求。

对于文人情怀的表达，常以琴、棋、书、画、诗、酒、花、茶来体现文人的优雅情趣，以梅、兰、竹、菊、笔、墨、纸、砚来彰显文人的风骨气节，以焚香、点茶、插花、挂画等装点居住空间，这就是用写意的方式展现优雅的感觉。"传统八雅""生活四艺"都是新中式设计中常见的元素，尤其是茶文化，更能体现当今文人精髓，"半壁山房待明月，一盏清茗酬知音"同样适用今天的生活。

这种优雅的感觉，也要在新中式设计的空间气质上有所体现。"室雅何须大，花香不在多"书香门第院，才子佳人府"，这些诗句都给新中式设计开拓了方向，室雅人和是新中式风格所追求的目标。那什么是雅致呢？雅致表现的是一种贵气，而不是豪气，是更多地应用书画瓷器营造书香门第的感觉，而不是奢侈品体现出来的土豪气息；是室内空间中各类物品井然有序地摆放，各种元素巧妙应用、相得益彰，而不是杂乱无章地大量堆砌。

2. 禅意味道体现为留白设计

禅意也是中国古代文人的追求，没有世俗的华丽奢侈，强调小隐隐于野的内心情怀。亲近自然，放空心性，这既体现出仁者乐山、智者乐水的自然情趣，也融汇清空安宁、寂静心安的内心追求。诸葛亮《诫子书》云：静以修身，俭以养德，非淡泊无以明志，非宁静无以致远。

这种禅意味道体现在新中式设计风格中就是留白。留白是在中国画中的一种手法，在室内设计上也常常用到。通过界面空间的留白处理给人以想象的空间，营造出虚怀若谷、志趣高雅的空间感。在新中式设计上，无论是空间布置还是在立面装饰，都不能做得太满太紧，需要适当地放松，表现出气定神闲、安静怡然的感觉。

3. 空间筋骨体现为空间线条运用

中国画非常讲究内在的筋骨，主要体现为线条的应用。有人说线条是绘画的筋骨，动势是绘画的灵魂，这进一步说明线条在绘画中的重要性。

中国文人在绘画中强调筋骨意识，在做人上同样重视筋骨，也就是文人的气节。"不为穷变节，不为贱易志""志士不饮盗泉之水，廉者不受嗟来之食""不为五斗米折腰"，都是中国人该有的气节和精神。

这种气节和精神也体现在新中式风格的空间设计上，表达手法是线条的运用。在新中式空间中，界面设计上的精致线条是必不可少的，以线条作为相应的装饰，既体现优雅别致，又彰显规矩秩序。巧妙的线条设置和处理可以进一步塑造了空间的气质，体现出优雅不俗的格调。

三、结语

一种风格的背后是文化的支撑。新中式风格要体现中华优秀传统文化的博大精深，从传统文化这棵大树上汲取营养，才能更好地进行现代设计。本讲从重礼、崇和、写意等方面总结和提炼出对称、次序、配合、框景、和谐、包容、优雅、留白、线条等设计手法，在实际的方案设计中合理运用技法，才能更加准确地呈现新中式风格的精髓。

韩愈《进学解》云："业精于勤荒于嬉，行成于思毁于随。"深入理解新中式风格的设计手法和文化内涵之后，还要多做多练，把知识应用到实践中，才能取得更好的成绩。

棕地再生景观设计

郑晓笛　清华大学

引言

　　棕地再生的领域充满挑战，也是青年人大有可为的广阔天地，希望大家有勇气、有志趣、有能力投身其中，为建设更加美好的绿水青山贡献力量。

▶ 主讲人介绍

　　郑晓笛，清华大学建筑学院副教授、博士生导师，硕士毕业于哈佛大学设计学院，博士毕业于清华大学风景园林专业，主讲风景园林设计理论、风景园林设计、变化中的景观：多维风景园林理论、景观技术一：竖向和道路等课程，讲授内容涉及风景园林设计理论中的核心议题、代表人物、经典项目及理论基础，跨学科及多维度的风景园林研究及前沿进展等。曾获宝钢优秀教师奖，北京高校青年教师教学基本功比赛一等奖、最受学生欢迎奖、最佳教案奖、最佳演示奖、优秀指导教师奖，北京市教工委优秀指导教师团队一等奖，清华大学教学成果一等奖、年度教学优秀奖、青年教师教学优秀奖，清华大学第六届青年教师教学大赛文科组一等奖第一名，2017年（国际）风景园林教育者联合会（CELA）主席奖等。

棕地，对有的同学来说可能是一个陌生的词汇，是不是就是棕色的土地呢？在卫星影像图上，北京西部的首钢老厂区的颜色发暗，多年的重工业生产使场地的生态环境呈现出比周边区域更深的颜色。因此，棕地的棕，并不是指土壤的颜色，而是指因场地污染生态环境被破坏的场面。

棕地，是英文单词 brownfield 的直译。世界各国对棕地的定义是有差异的，中国学界已基本达成共识，但仍存在多种表述。2017年，设计领域的百科全书《建筑设计资料集》第三版在修订的过程中，于第1分册《建筑总论》中专门增加"棕地再生"小节，采用我在2014年提出来的定义——棕地泛指因人类活动而存在已知或潜在污染的场地，其再利用需要建立在基于目标用途的场地风险评估与修复基础之上。

棕地的类型是多种多样的，倒闭的工厂、废弃的矿坑、成山的垃圾，都属于棕地的范畴。

一、为什么要进行棕地再生？

棕地是如何引起人类共同关注的呢？

美国的棕地再生开端性事件发生在1978年，在一个叫 Love Canal 的社区，人们发现自家的后院有黑色的液体渗出来，植物死亡，孩子得奇怪的病。后来经过勘测，发现这个场地曾经是胡克电化工厂埋藏工业废料的填埋场，有毒物质在地下泄漏多年，对场地造成污染，危害环境与居民健康，也由此引发美国对棕地治理的高度重视。

　　在中国北京，2004年，地铁某线路施工过程中有刺鼻气体溢出，3位工人随即出现恶心、呕吐等症状，立即被紧急送医。后经检测查出，这个刺鼻气体是由20世纪坐落于此的农药厂遗留物造成的。

　　世界范围内，此类场地的数量是惊人的，在美国已超过50万块，中国的问题同样严峻。

　　2014年，原环境保护部和国土资源部联合发布的《全国土壤污染状况调查公报》指出，全国土壤环境状况总体不容乐观，部分地区土壤污染较重，耕地土壤环境质量堪忧，工矿业废弃地土壤环境问题突出。全国土壤总的点位超标率为16.1%。

　　近年来，党中央、国务院发布一系列政策意见，全面推进土壤污染防治工作。党的十八大以来，以习近平同志为核心的党中央大力推进生态文明理论创新、实践创新、制度创新，作出一系列重大战略部署。进入中国特色社会主义新时代，以习近平同志为核心的党中央以前所未有的力度抓生态文明建设，把生态文明建设摆在党和国家工作全局的重要位置。在"五位一体"总体布局中，生态文明建设是其中一位；在新时代坚持和发展中国特色社会主义的基本方略中，坚持人与自然和谐共生是其中一条；在新发展理念中，绿色发展是其中一项；在三大攻坚战中，污染防治是其中一战；在到本世纪中叶建成社会主义现代化强国目标中，美丽中国是其中一个。在党中央坚强领导下，在习近平生态文明思想的科学指引下，全党全国推动绿色发展的自觉性和主动性显著增强，美丽中国建设迈出重大步伐，我国生态环境保护发生历史性、转折性、全局性变化。

　　风景园林学界又是如何看待棕地问题的呢？

　　美国哈佛大学景观学系的前系主任查尔斯·瓦尔德海姆教授在2009年来访中国。当时，我问了他一个问题——为什么哈佛大学的风景园林设计课很多都以棕地作为设计对象呢？瓦尔德海姆教授当时特别坚定地回答："棕地应该成为景观专业设计课的主导，甚至唯一的选题类型，人类不应该再以湿地、林地、草地等'绿地'作为我们城市建设的目标了。"

《中国园林》是中国风景园林行业唯一的双核心期刊，已故前任主编王绍增教授在以"棕地修复"为主题的2013年2月刊的主编心语中说道："我猛然感悟到这（棕地修复）是我们学科20世纪最重要的贡献……若干年后，棕地修复可能是风景园林行业最主要的工作。"

若干年后，当同学们步入工作岗位的时候，无论你们是从事风景园林的规划、设计，还是研究、管理工作，棕地都有可能是你们面临的主要项目类型。

在风景园林的实践领域，已有很多成功的棕地再生景观项目。一些闲置工厂、废弃矿坑与垃圾堆，都已经被改造为环境优美宜人的城市公园、植物园和森林公园。

二、怎么做棕地再生景观设计？

棕地再生的先锋性项目是美国西雅图煤气厂公园。煤气厂关停后被改造为城市公园，于1975年向公众开放，占地8公顷，由美国风景园林师理查德·哈格设计。该项目第一次突破性地将原来工厂里的大型工业设施保留下来，作为城市公园的独特地标。

棕地再生领域的经典项目非德国鲁尔区的北杜伊斯堡景观公园莫属。这个场地曾经有80年作为泰森钢铁厂的用地，于2002年被改造为公园向公众开放。公园占地230公顷，由德国当代风景园林设计师彼得·拉茨设计。公园开放后备受全球业界好评，获得2000年第一届罗莎·芭芭欧洲风景园林奖、2001年巴黎建筑学院的城市设计大勋章和2005年美国环境设计研究协会场所奖等。

与一般项目相比，棕地类项目具有以下特点：其一，大型工业建筑物；其二，从表面看不到的核心特征——场地污染。

如何在应对污染的情况下进行景观设计呢？有的同学会想，是不是请环境工程师把污染清理干净，我们再来做景观设计呢？事实上，传统的棕地再生流程，确实是先修复、再开发（图28-1）。环境工程与风景园林两个专业的工作是前后割裂的，容易造成场地土方工程重复进行、后期塑造地形客土量增加、项目周期长、耗资巨大等问题。

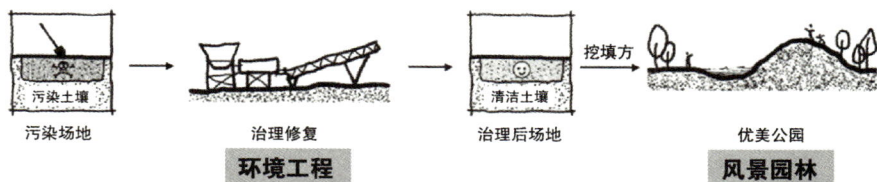

图28-1　传统棕地再生流程

是否有更加高效集约的再生策略呢？

回答这个问题，要抓住棕地的核心特征。棕地中最具挑战的污染土方同时是景观系统构建的基底（图28-2）。植物在其上生长，雨水在高低起伏中汇聚，实现雨洪管理的同时，营造宜人的水景，实现优美公园的塑造。

图28-2　修复与开发并行的棕地再生跨学科途径

在棕地项目早期，通过跨学科合作高度协同推进污染治理与景观设计，才有可能实现更加高效理想的场地修复与空间营造。

要实现这一路径，唯有认清并抓住棕地最核心的本体要素——棕色土方，泛指棕地中含有或潜在含有污染物的土壤及其他类土状物质，包括污染土壤、矿渣、尾矿、垃圾土、焚烧灰烬等，棕地再生的过程需要对其进行污染调查、评估与治理。

为什么不能简单地用污染土壤来指代呢？因为很多棕地的场地功能在使用中是复合的，比如，废弃的矿坑很容易被作为填埋垃圾的堆场，这种场地的污染物就同时包含矿业废弃地的污染和垃圾堆体的污染。

棕色土方将环境工程学中污染的抽象化学分子式与风景园林空间塑造的土方工程紧密地结合在一起，既是污染的物质载体，也是对场地污染的空间诠释（图28-3）。

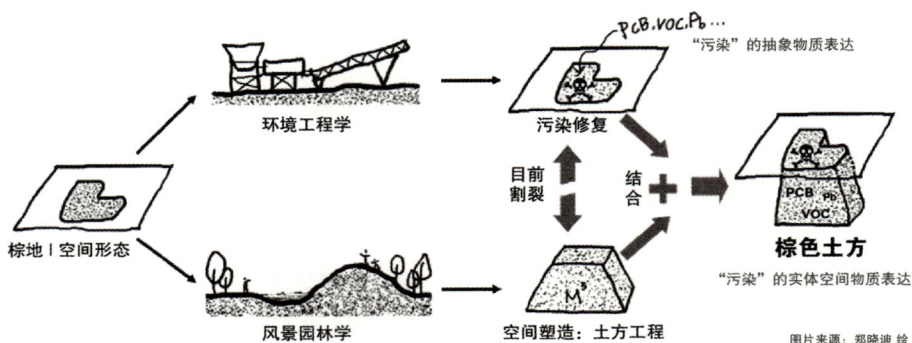

图28-3 "棕色土方"概念示意

棕地再生的景观设计就要厘清棕色土方与地形、水体和植被这三者之间的关联（图28-4）。

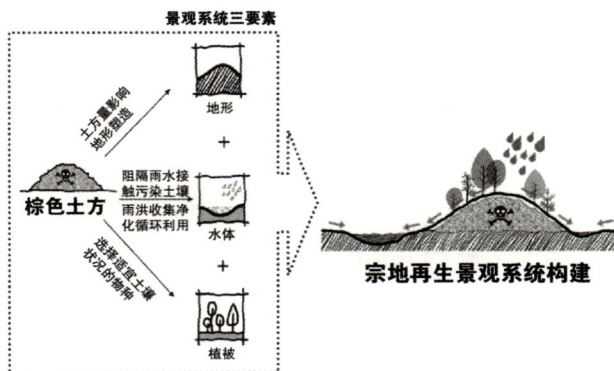

图28-4 "棕色土方"与棕地再生景观系统的构建

第一个要素是地形。棕色土方的量直接影响塑造什么样的地形。在前述的西雅图煤气厂公园里，以前工业生产过程中的整个场地是较为平整的，但是在改造后出现了一个优美的小山丘，而这个山丘正是对由污染土壤和建筑垃圾所构成的棕色土方的处置工程。如果不在项目早期由风景园林师与环境工程师共同完成，这样的有机结合是无法实现的。

第二个要素是水体。一定要隔绝雨水与棕色土方之间的接触，否则棕色土方中的污染就会随着水体进行迁移，污染更大的区域范围。在美国卫斯理女校友谷项目中，棕色土方上覆盖隔绝层，防止雨水下渗，并通过地形将其汇聚为别致的水景。

第三个要素是植被。由于棕色土方的特殊成分，在某些特定的情况下，会生成工业自然。而从污染治理的角度，针对不同的污染物质可采用不同方法，比如针对重金属可以采用植物修复的方式，即利用植物的根茎叶和微生物，与土壤中的污染物质发生作用，实现修复的目的。

在北杜伊斯堡景观公园中，设计师并未清除荒芜的灌木丛和杂草，种上漂亮的花花草草。设计师认为，场地在多年废弃过程中，自我演替而形成工业自然。自然自我修复的过程具有丰富的先锋性物种，恰恰应该是被尊重、被保护的对象，而工业自然的构成也正是由其生长其中的棕色土方所决定的。

但并不是简单地保留工业自然价值，人们就可以认识得到。设计师进而提出"废墟中的绿洲"的设计理念，将精致园林与工业自然并置，"创造出艺术与自然之间的价值，而这种价值单靠艺术家或单靠自然，都是无法实现的"。

因此，棕地再生景观设计要牢牢抓住"棕色土方"这个核心要素，基于其与地形、水体、植被三者之间的关系，构建一个健康的景观系统。

三、中国的棕地再生

2016年，国务院印发《土壤污染防治行动计划》（即"土十条"），明确中国土壤污染防治的基本思路是"坚持预防为主，保护优先，风险管控"，提出涉及14个牵头部门的231项具体措施，大力推进我国土壤污染防治的进程。2019年1月1日，《土壤污染防治法》正式实施。棕地再生事业进入新阶段。

对于从事棕地事业的风景园林师来说，要用专业知识进一步摸清中国独特的棕地问题，有法可依地找到问题的解决方案，一定要走到实际中去。

2018年，我带着学生们去唐山这个资源型城市进行棕地调研，我们所看到的不只是单独的工业类棕地，还有连绵成片的棕地群，面积大，范围广，挑战严峻。

然而与此同时，我们意识到，这也是一个机遇。通过科学合理的修复治理、生态恢复与景观再造，这些棕地为城市发展提供了增加生态空间、完善绿地系统的重要契机。

风景园林专业并不只是针对单个场地进行景观设计，也要从整体区域的视角进行系统性规划的思考。

我们课题组在国家自然科学基金的资助下，对包括唐山市在内的若干资源型城市进行棕地群识别，分析其空间格局演变规律，并探索其再生过程与城市绿地系统建设之间的有机联系。可以看到，这些棕地群在城市中的分布是非常广泛的。之所以出现棕地群现象，是因为中国经历了快速工业化的过程，粗钢产量急速增长，为我国经济增长作出重要贡献；但当面临产业调整与资源衰退的情况时，大量棕地集中连片地同时出现，形成棕地群。这一现象在我国67个资源衰退型城市中更为显著与严峻。

超越单个棕地的"就地论地"，面向棕地群开展景观规划设计工作，是棕地再生结合中国实际的重点。

2005年，在余村这个因开山采矿而严重破坏生态的地方，习近平总书记首次提出"绿水青山就是金山银山"的重要理念。

我们不仅要保护现有的绿水青山，更要通过棕地再生修复棕地，使其成为未来更加美好的绿水青山。

四、结语

棕地修复事业让我们更加清晰地认识到，风景园林实践的主要目标就是保护人类的健康、安全和福祉，就是大力推进生态文明建设，提供更多优质生态产品，不断满足人民日益增长的优美生态环境需要。

棕地再生的领域充满挑战，也是年轻人大有可为的广阔天地，希望大家有勇气、有志趣、有能力投身其中，为建设更加美好的绿水青山贡献力量！